W0226831

Mark Crick
Goethe im Baumarkt

Goethe im Baumarkt

Wenn Weltliteraten heimwerken müssten

Text und Illustrationen von
Mark Crick

Aus dem Englischen von
Walter Ahlers

Karl Blessing Verlag

Titel der Originalausgabe:
Sartre's Sink – A DIY Manual for the Literary Enthusiast
Originalverlag: Granta Books

FSC
Mix
Produktgruppe aus vorbildlich
bewirtschafteten Wäldern und
anderen kontrollierten Herkünften
Zert.-Nr. GFA-COC-001662
www.fsc.org
©1996 Forest Stewardship Council

Verlagsgruppe Random House FSC-DEU-0100
Das für dieses Buch verwendete FSC-zertifizierte Papier *Maxisatin*
liefert Igepagroup, hergestellt von UPM-Kymmene.

1. Auflage
Copyright © der Originalausgabe 2008 by Mark Crick
Copyright © der Illustrationen by Mark Crick
Copyright © der deutschsprachigen Ausgabe 2009
by Karl Blessing Verlag, München,
in der Verlagsgruppe Random House GmbH
Umschlaggestaltung: Hauptmann und Kompanie Werbeagentur,
München – Zürich
Satz: Uhl + Massopust, Aalen
Druck und Einband: RMO & Welte, München
Printed in Germany
ISBN: 978-3-89667-390-9

www.blessing-verlag.de

Inhalt

Tapezieren

mit Ernest Hemingway

Benötigtes Werkzeug:

Kleisterpinsel
Tapezierbürste
Malerschere
Tapeziertisch
Senkblei

Benötigtes Material:

Tapete
Tapetenkleister

Der alte Mann hatte zwei Tage und Nächte durchgearbeitet, um die alte Tapete abzureißen, und jetzt, am Morgen des dritten Tages, wartete die Wand auf die neue Tapete, und er war müde. Seine Handflächen trugen Blasen vom stundenlangen Kratzen, und die Blasen hatten zu nässen angefangen. Der alte Mann spürte den Schmerz in den Händen, als er noch einmal die leeren Wände des Zimmers betrachtete. »Zimmer, du bist groß. Aber ich werde die *trabajo* zu Ende führen, die ich angefangen habe«, sagte er, »und wenn ich daran zugrunde gehe.«

Der alte Mann hielt die Schnur vorsichtig in der rechten Hand. Er fädelte ihr Ende durch die Öse in dem Senkblei und verknotete es, damit es nicht aus dem Gewicht herausrutschen konnte. Das Stück Blei wog jetzt schwer in seiner Hand, und der alte Mann hielt die Schnur höher, damit es den Boden nicht berührte und die Schnur straff und senkrecht blieb. Jetzt war er bereit. Mit der rechten Hand die Schnur zwischen Daumen und Zeigefinger festhaltend, mit den Fingern der linken Schnur nachlassend, beide Hände erhoben, erklomm der alte Mann die Leiter und drückte die Schnur an die Wand, vor der sie schwang wie das Pendel einer Standuhr. Jede Schwingung ließ ihn den Zug des Senkbleis spüren, und er wartete geduldig. »Es verliert an Schwung, gleich hat es ausgeschwungen und dreht sich nur noch«, dachte er. Er spürte, wie das Gewicht zur Ruhe kam, und sah die Schnur senkrecht zwischen Himmel und Erde hängen, und jetzt zog der alte Mann den Bleistift hinterm Ohr hervor und zeichnete neben der Schnur eine Markierung an die Wand.

Überall schienen Holz und Gips durch die braune Wand, und der alte Mann zog seinen Strich von der Decke bis zur Bodenleiste. Während er ihn zog, stieg er Sprosse um Sprosse nach unten, aber immer hielt er die Schnur dicht an der Wand. Dann lud der alte Mann sich die erste Tapetenrolle auf die Schulter, trug sie zum Tapeziertisch hinüber und entrollte die Tapete mit dem Muster nach unten auf der hölzernen Tischplatte. Beim Ausrollen beugte er sich so tief hinunter, Arme gestreckt, Handflächen nach oben, dass sein Gesicht die Oberfläche berührte. Mit zwei Holzlatten, eine der Länge nach, die andere quer ausgelegt, hinderte er die Tapete daran, sich wieder einzurollen.

Er kletterte wieder auf die Leiter, um mit einem Maßband die Höhe der Wand von der Decke bis zur Bodenleiste auszumessen.

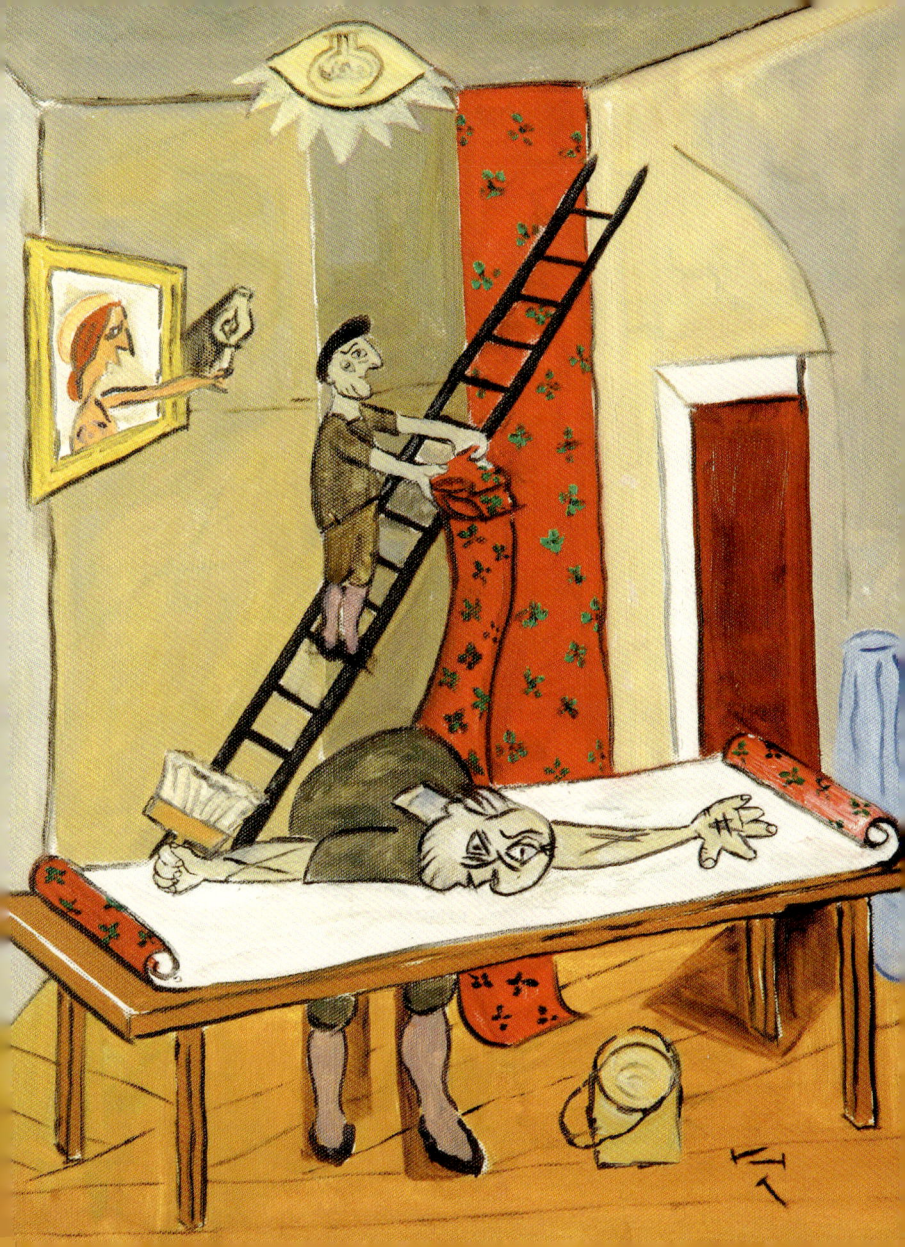

Er trug Schuhe mit geflochtener Sohle, dunkle Hosen und ein altes Hemd. Das Hemd war geflickt und ausgebleicht, es ähnelte der Wand. Am Tapeziertisch klappte er sein Taschenmesser auf und schnitt die erste Bahn fünf Zentimeter länger, als die Wand hoch war. »Lieber würde ich die lange Tapezierschere nehmen«, dachte der alte Mann. »Aber was hat es für einen Sinn, über etwas nachzudenken, das nicht da ist. Ich darf nur über das nachdenken, was da ist.« Die Bahn war länger als der Tapeziertisch, und der alte Mann spannte an einem Ende des Tisches ein Stück Bindfaden um die Beine und schob das Ende der Tapete unter den Faden, damit es nicht wegrutschen konnte. »Ich bin ein alter Mann«, dachte er, »aber ich kenne viele Kniffe, und mein Wille ist stark.«

Den Kleister hatte er lange vorher angerührt, und jetzt hob der alte Mann den feuchten Lappen an, den er über den Eimer gedeckt hatte, damit der Kleister nicht trocknete, und begann den Kleister auf der Tapete zu verteilen. Er zog die Papierkante an die vordere Tischkante, um den vorderen Rand der Tapete einzukleistern, dann schob er den hinteren Rand an die hintere Tischkante und kleisterte auch ihn ein; auf diese Weise blieb der Tisch sauber.

Jetzt nahm er zwei Ecken der Bahn zwischen Daumen und Zeigefinger und faltete fast einen halben Meter Tapete wieder auf sie selbst zurück, Kleister auf Kleister, dann Muster auf Muster, und so weiter, bis aus der ganzen Tapetenbahn eine *concertina* geworden war. Er legte die Falze lose aufeinander, um das Papier nicht zu knicken; der schleimartige Kleister quoll ihm glitschig zwischen den Fingern hervor. Er wusste, ohne die Ziehharmonika würde der Zug zu stark, die Tapete würde abreißen und er hielte nur noch die beiden Ecken in der Hand wie die Ohren des Stiers, bei dessen Tötung er zugesehen hatte, als er noch ein junger Mann war. Oder, schlimmer noch, die Tapete würde ihm in der Mitte durchreißen, wo eine Naht sich nicht verdecken ließ. Er kletterte wieder auf die Leiter, um das eingekleisterte Banner an die Wand zu drücken. »Wird die erste Bahn gut kleben?«, fragte er sich laut. »Wenn die erste Bahn gut klebt, sage ich fünf Ave-Marias. Gesagt ist gesagt.« Der alte Mann besaß kein Radio und redete bei der Arbeit oft mit sich selbst. Er drückte die Tapete so an die Wand, dass die Oberkante knappe zwei Zentimeter über die Wand hinausstand und die Decke berührte. »*Puta de techo*«, sagte er, »ich kann dir nicht trauen«, und er dachte, wie wenig zuverlässig die Decke verlief, und wie oft sie ihn schon betrogen hatte. Es war klug gewesen, ein Senkblei verwendet zu haben. Die Tapetenkante legte er an die Linie, die er an der Wand gezogen hatte. Die Tapete glitt an ihren Platz, und der alte Mann zog die Tapetenbürste aus der Tasche und strich ihre Borsten über die Oberfläche der Tapete. Er sah die Luftblasen unter der Oberfläche und bürstete sie unter der Tapete heraus, bis die Bahn so glatt klebte, wie es die Wand erlaubte. Dann stieß er die Borsten der Bürste hoch oben in den Knick, in dem die Tapete auf die

Decke traf, und führte die Messerklinge mit der stumpfen Seite in der Scheitellinie entlang. Als er das Papier von der Wand wegbog, sah er den Falz darin. »Mit der Schere wäre es ein Leichtes, den Falz entlang zu schneiden, aber die Schere hast du nicht«, dachte er. »Du hast nur das Messer und die Bürste, und das muss reichen.« Mit dem Messer schnitt er den überstehenden Streifen Tapete ab. Er wischte die Messerklinge an der Hose ab, dann warf er den Streifen Tapete über den Rand der Leiter, sah ihn unter sich zu Boden trudeln.

Der alte Mann hatte zwei Tage und Nächte gearbeitet, um die alte Tapete herunterzureißen, hatte dreimal die Arbeit unterbrechen müssen, um Nägel aus der Wand zu ziehen und die entstandenen Löcher zu schließen. Er hatte sich an einem der Nägel die Augenbraue blutig gerissen. Und jetzt, am dritten Tag, war er schwach auf den Beinen und der Rücken tat ihm weh. Er stieg von der Leiter, ging auf die Knie und schob die Bürste in den Winkel zwischen Wand und Bodenleiste, trennte mit dem Messer den abgeknickten Streifen Tapete von der Bahn und warf ihn zur Seite. Als er wieder auf den Beinen stand, betrachtete er die Tapete, die jetzt an der Wand klebte, sah, wie schön sich ihre farbigen Streifen vom Gips abhoben. Er schulterte die Trittleiter und trug sie das kurze Stück bis zu der Stelle, wo es die nächste Tapetenbahn an die Wand zu kleben galt.

»Wenn der Junge hier wäre, hätte er die nächste Bahn schon einkleistern können«, dachte er laut. »Ein Mann sollte nicht so allein arbeiten.« Seine Beine und Schultern waren steif, und der Tapezierpinsel drückte auf die Wunden in seiner Hand. Und er spürte die Tiefe seiner Müdigkeit und den Schmerz des Lebens.

Der alte Mann schnitt die zweite Bahn ein wenig länger ab, um das Muster besser anpassen zu können. Als er sie an der Wand hatte, schob er sie bis über die Markierungslinie, sodass die beiden Kanten der Tapete aneinander abschlossen, und siehe da, das Muster setzte sich ungebrochen über beide Bahnen fort. Es war ein gutes Gefühl. Vergessen war der Schmerz in den Händen und im Rücken, vergessen auch die Tücke der Zimmerdecke, denn die Zimmerdecke konnte nichts dafür. Er sah nur die Schönheit des bunten Papiers, das nun die Risse in der Wand und den verfärbten Gips bedeckte, und er wusste, das Papier war sein Freund. »Sei ruhig und stark, alter Mann«, sagte er. »Wand, ich habe große Achtung vor dir, aber ehe der Tag vorüber ist, hab ich dich mit Papier beklebt.«

Das Entlüften eines Heizkörpers

mit Emily Brontë

Benötigtes Werkzeug:
Heizkörperventilschlüssel

Ein Schauer lief mir über den Rücken, als die Dienstmagd mich in das spärlich möblierte Zimmer führte. Die Atmosphäre innerhalb dieser Wände war so bedrückend, ich hätte mich, wäre nicht vor dem kleinen Fenster der wilde Tanz der Schneeflocken zu sehen gewesen, in einer Totengruft gewähnt.

»Der Herr duldet keine Gäste in dieser Kammer, also verhaltet Euch still und tragt die Kerze nicht zu nah ans Fenster, auch wenn Ihr Euch wegen des Lichtscheins nicht allzu sehr beunruhigen müsst, denn heute geht er nicht mehr aus dem Haus.«

Ich dankte der guten Seele, dem einzigen Licht der Barmherzigkeit in der feindseligen Düsternis, die unter diesen Balken herrschte, und wünschte ihr eine gute Nacht. Zitternd noch vor Kälte legte ich mich, dem viel zu zeitig verlassenen Platz im Feuerschein des Kamins nachtrauernd, in das schmale Bett und wartete darauf, dass die Wärme zu mir zurückkehrte. Stattdessen fasste Eiseskälte nach meiner Nasenspitze, und ein frostiger Zug strich mir um die Wangen. Auf der Suche nach seinem Ursprung entdeckte ich den Heizkörper, der unterhalb des Fensters an der Wand befestigt war. Bis ans Herz taub vor Kälte verließ ich den Schutz der Decke und näherte mich dem Radiator in der Hoffnung, von dem Heizgerät die Wärme zu bekommen, die ich seinem Besitzer nicht zu entlocken vermochte. Ich spürte ein Kribbeln in den Fingerspitzen bei der Berührung des Geräts, das kalt wie ein Grabstein war, und verfluchte die Ungastlichkeit der Hausbewohner.

Der eisige Hauch schnoberte mir nicht weniger giftig um die Fesseln, als es Würger getan hatte, der teuflische Hund, der mir einen so stürmischen Empfang bereitet hatte und ebenso viel Schuld an meiner Gefangenschaft trug wie der Schneesturm, der inzwischen draußen tobte. Wie eine Trauernde am Grab kauerte ich mich in meinem geborgten Nachthemd auf den Boden und strich mit der Hand über die Rohre, die dem Radiator zuliefen. Mit einem Freudenjauchzer spürte ich die Wärme an der Hand, die mir bestätigte, dass warmes Wasser in den Rohren war und ich nur das Ventil öffnen musste, damit die Flüssigkeit die Eisenkonstruktion füllen und damit beginnen konnte, den Raum zu wärmen, der wohl seit Menschengedenken nicht mehr beheizt worden war.

Draußen tobte das Unwetter mit roher Gewalt, die Zweige der Fichte trommelten ein wildes Stakkato an die Fensterscheibe. Zitternd ergriff ich den Drehknopf auf der rechten Seite des Kopfstücks und drehte ihn, nicht ohne Mühe, gegen den Uhrzeigersinn. Kaum hatte ich damit begonnen, das Ventil zu öffnen, als unter den Bodenbrettern auch schon ein infernalisches Klopfen anhob, als wäre ein Heer von Dämonen aufmarschiert,

um sämtliche Bewohner Heights' in die Feuer der Hölle hinabzureißen. Vermutlich wäre ich ihnen guten Mutes gefolgt, hätte ich dort unten doch auf wärmere Unterkunft rechnen dürfen als unter Mr. Heathcliffs Dach.

Um es der Dienstmagd zu ersparen, dass sie für ihre Freundlichkeit noch bestraft wurde, drehte ich das Ventil rasch wieder zu, und augenblicklich hörte das wilde Klopfen auf. Sie hatte mich gebeten, meinen Aufenthalt in diesem Zimmer möglichst geheim zu halten, aber es konnte wohl kaum in ihrer Absicht gelegen haben, dass ich mich hier zu Tode fror. Nachdem ich zu dem Schluss gekommen war, dass meinem Gastgeber und seinen Satelliten eine Nachhilfestunde in Gastfreundschaft nicht schaden konnte, öffnete ich das Ventil wieder, und die Rohre brachen erneut in ihr infernalisches Lamento aus, als schlügen alle Toten des Moores in ihrer Sehnsucht nach Freiheit gegen die Sargdeckel und übertönten dabei mühelos den Sturm und das Geklapper der Fichtenzweige.

Ungeachtet der trommellosen Trommelwirbel fühlte ich, wie sich eine schwache Wärme in den weißen Eisen ausbreitete, als wäre ein dienstbarer Geist aus der Lampe gelassen worden, aber diese Wärme wurde, so meine Vermutung, durch im Rohr eingeschlossene Luft daran gehindert, sich weiter auszubreiten. Ich verfluchte mich dafür, ohne einen Heizkörperventilschlüssel in der Tasche ins Moor aufgebrochen zu sein und kam zu dem Schluss, dass ich, da ich nun ohnehin nicht mehr darauf hoffen durfte, meinen Aufenthalt in diesem Zimmer geheim zu halten, auch gleich in die Küche hinuntergehen konnte, wo sich im Innern eines geräumigen Eichenschranks das nötige Werkzeug vermutlich schnell finden ließe. Ich nahm die Kerze zur Hand, trat hinaus auf den Flur und zog die Zimmertür hinter mir zu.

Das Orchester, das in meinem Zimmer einen solchen Lärm veranstaltete, fand jetzt Begleitung in den unteren Räumlichkeiten. Wo meine Gastgeber vorhin noch mucksmäuschenstill gesessen und wie die Statuen ins Feuer gestarrt hatten, wurde ich jetzt unfreiwillige Zeugin einer Szene von solch unbeschreiblicher Ekstase, dass ich mich in den Arm kniff, mir ungläubig die Augen rieb. Joseph, das Gesicht rußgeschwärzt, kauerte auf den Knien und schlug sich auf Gesicht und Kopf, während sein Herr wie der der Asche entstiegene Leibhaftige vor dem Kamin stand, die Arme in die Höhe gereckt, die Brust entblößt, heulend wie ein Wolf bei Vollmond: »Cathy, meine Cathy, ich höre dein Klopfen. Sie ist wieder da, Joseph, sie ist zurückgekehrt.« Die Hunde stimmten in das Geheul dieser wildgewordenen Meute ein, rasch zum Schweigen gebracht durch einen gezielten Tritt ihres Herrn, der auf den Treppenabsatz zugestürmt kam, auf dem ich in meinem geborgten Nachthemd stand. Joseph, der alte Pharisäer, die Bibel umklammernd wie der Geizhals die Geldbörse, kam ihm nachgelaufen, sämtlichen Heiligen seine Referenz als gottesfürchtiger Christ entgegenrufend. Ich stand da, an allen Gliedern zitternd, und rechnete nicht mit dem Austausch von Höflichkeiten, als sie mich erreicht hatten, zu Recht, wie sich erwies. Ohne mich eines Blickes zu würdigen, stürmten sie wie zwei zum jüngsten Gericht gerufene Unholde an mir vorbei. Alle bisherigen Bilder des Wahnsinns verblassten in Sekundenschnelle. Mein dämonischer Gastgeber riss die Tür auf, die ich gerade hinter mir geschlossen hatte, und rief in jeder der vier Ecken der Kammer nach seiner Cathy. »Hörst du, sie ist hier, sie klopft. Komm herein, Cathy. O Cathy, vergib mir meine Schuld und kehre heim.«

So wenig, wie ich mir hätte vorstellen können, in das Zimmer zurückzukehren, wenn es in hellen Flammen stünde, so fern lag es mir, einem solchen Erguss des Jammers und des Geisterglaubens beizuwohnen. Von dem Aufruhr profitierend lief ich rasch weiter die Treppe hinunter, wo die Küche von Wuthering Heights in einen geisterhaften roten Schein getaucht war. Eine kleine rote Glut erleuchtete den Kamin, und die Köter, Würger und ein Irischer Terrier namens Djinn, hatten sich – an die Rasereien ihres Herrn gewöhnt – auf den Fliesen zusammengerollt, ein weiterer Beweis für die Tatsache, dass in diesem Haus selbst den Hunden mehr Wärme zugestanden wurde als den Gästen. Rasch durchsuchte ich die Schubladen des alten Küchenschranks, machte so wenig Lärm wie möglich. Ein kalter Zug wehte jetzt auch durch das Heiligtum des Hauses; ich vermutete, dass Mr. Heathcliff das Fenster in meinem Zimmer weit aufgerissen hatte, um seine Beschwörungen hinaus in den Sturm zu brüllen. »Cathy, komm zurück, meine Liebe, meine Cathy!« Ich beschleunigte meine

Suche, riss eine Schublade mit Messern und Rührlöffeln auf. Ich klapperte mich durch den Inhalt und stieß auf das Objekt meiner Suche, einen kleinen t-förmigen Vierkantschlüssel aus Messing, der funkelnd in einer Schöpfkelle lag. Kaum hatte ich ihn in der Hand, da stellten sich mir auch schon die Nackenhaare auf und ich erstarrte. In meinem Rücken hörte ich Würgers abscheulich rollende Knurrlaute. Ein Geräusch direkt aus der Unterwelt, ein tiefer Bariton, unter dem der Boden zu meinen Füßen erzittert wäre, hätten meine Beine nicht schon vor Kälte gebibbert. Das Biest hatte mich vor dem Schrank gestellt, und nicht zum ersten Mal an diesem Abend bedauerte ich es, nur um die Bekanntschaft zu meinem Hauswirt zu pflegen, den Umweg über dieses gottverfluchte Moor gemacht zu haben. Als das haarige Ungeheuer an meinem Nachthemd zu zerren und dabei den Kopf hin und her zu werfen begann, als sei meine Anwesenheit ihm ein Graus, sah ich die Herrin des Hauses reglos im Schatten sitzen und mich in meiner misslichen Lage zu betrachten, wie sie ein Kätzchen beim Tranchieren einer Maus betrachtet hätte. »Madam, ich wäre Ihnen zu Dank verpflichtet, wenn Sie Ihren Hund zu sich rufen würden.« Eine kurze Bewegung ihrer schmalen Hand, ein scharfer Ruf, und der kleine Terrier vor dem Kamin sprang auf, trottete zu seiner Herrin hinüber und legte ihr die Schnauze auf die Knie. »Ich dachte eigentlich an den Hund, der mein Nachthemd am Wickel hat«, fügte ich eilig hinzu.

»Der? Das ist nicht mein Hund«, bemerkte sie höhnisch, während sie das braune Köpfchen kraulte und den Eindruck vermittelte, der momentane Wahnsinn, dem das Haus anheim gefallen zu sein schien, sei einzig und allein zu ihrer Zerstreuung inszeniert. »Suchen Sie nach einem Messer?«, fragte sie mit einem hoffnungsfrohen Unterton in der Stimme.

»Eher nach einer Art Schlüssel…« Ich konnte mich kaum noch auf den Beinen halten.

»Sind Sie gekommen, ihn zu töten?«

Entsetzt machte ich der Dame des Hauses klar, dass ich nichts dergleichen im Sinn hatte.

»Mit einem Messer täten Sie sich leichter.«

Ich schaute auf meine Hand und sah, dass ich immer noch den Stiel einer hölzernen Suppenkelle umklammert hielt, aber bevor ich meine Anwesenheit in der Küche einleuchtender erklären konnte, erscholl aus den oberen Gefilden ein ohrenbetäubendes Gebrüll, das die Kreatur vom unermüdlichen Tun ihrer Kiefer ablenkte und den Zugriff auf mein geborgtes Nachthemd augenblicklich lockern ließ. Das schien mir der Moment für eine Flucht zu sein; mit dem Ruf »Apport!« schleuderte ich die Suppenkelle in eine dunkle Ecke, riss mich frei und stürzte davon. Zwei Stufen auf einmal nehmend flog ich hinauf in die kleine Kammer, in der mir Mrs. Dean vor nicht langer Zeit eine geruhsame Nacht gewünscht hatte. Und hier bot sich mir ein so jammervoller Anblick, dass ich meine Verfolger vergaß und wie angewurzelt stehen blieb. Mr. Heathcliff kniete in Tränen aufgelöst neben dem Bett, von dem ich mich erst kürzlich erhoben hatte. »Sieh! Sieh doch! Hier hat ihr kleiner Körper gelegen. Ach, sieh nur, wie sie die Tagesdecke zurückgeschlagen hat.« Er drückte sich das Kopfkissen an die Wange, tränkte es mit seinen Tränen. »Hör mich jetzt an. O, Catherine, lass mich deine Hand berühren. Bette dein gepriesenes Antlitz noch einmal auf dieses Kissen, dass ich auf dich herunterschauen kann. O, mein Liebling.«

Joseph hockte unter dem Fenster und zitierte aus der Heiligen Schrift, flehte den Himmel und alle seine Engel an, ihn vor Dämonen und bösen Hexen zu beschützen und alle Übeltäter niederzustrecken.

Mein unschicklicher Auftritt in dieser Szene hatte dramatische Wirkung. Mit großen Augen blickten die beiden Männer auf, und ihre Blicke verweilten zuerst auf dem langen Riss, der mein Nachthemd teilte. Als Mr. Heathcliff meinen Blick mit dem Ausdruck schuldbewusster Urheberschaft von dem an seine Wangen gepressten Kissen zum aufgeschlagenen Bett und der durchgelegenen Matratze wandern sah, begriff er augenblicklich seinen Irrtum. Das alles musste in Sekundenschnelle passiert sein, denn plötzlich stürzte ich zu Boden. Mit dem ganzen Gewicht seines Körpers war Würger mir in den Rücken gesprungen, und jetzt nagelte er mich am Boden fest, drückte mir die riesigen Vorderpranken zwischen die Schulterblätter und schnaubte mir seinen ekelhaften Atem in die Ohren. Ohne sich in irgendeiner Weise darum zu kümmern, rappelte sein Herr sich auf, ließ die Hände an den Seiten herunterfallen und das tränengetränkte Kopfkissen zu Boden plumpsen. Der alte Eiferer Joseph klappte seine Bibel zu, und als er sich erhob, legte er seine Hand mit – auch wenn ich es nicht hätte beschwören mögen – verdrießlich gerunzelter Stirn auf den Heizkörper.

Die beiden Männer schienen das Knurren und Bellen, mit dem die Hunde mich in dieser peinlichen und unangenehmen Lage fixierten, gar nicht zu hören und schickten sich an, das Zimmer zu verlassen, stiegen über mich hinweg wie über ein Schilfbüschel draußen im Moor. Im Vorbeigehen streckte Joseph mir als Ausdruck äußersten Missfallens seine böse Zunge entgegen. »Der Herr stehe uns bei! Welch reizender Zug, des Nachts im Haus herumzuschleichen und das Zimmer wie einen Backofen aufzuheizen, um uns alle ans Betteltuch zu bringen.« Den Rest seiner Predigt verstand ich nicht mehr, aber wenn ich nicht verhindert gewesen wäre, hätte ich den greisen Lumpen mit einem Tritt zur Zimmertür hinausbefördert. Stattdessen räusperte ich mich und rief meinem missmutigen Gastgeber nach: »Mr. Heathcliff, Ihre Hündchen, wenn Sie so freundlich wären.«

Er drehte sich um und schien erst jetzt den Hund zu bemerken, dessen riesige rosarote Zunge sabbernd auf meinen Rücken hing, während seine Fangzähne den hölzernen Stiel der Suppenkelle umklammerten. »Wie können Sie es wagen. Der Teufel soll Sie holen, Mr. Lockwood. Unter meinem eigenen Dach! Die Tiere krümmen keinem Gast auch nur ein Haar, solange er keine langen Finger macht. Würger, Djinn, bei Fuß!«

Ich spürte, wie der vierfüßige Dämon meinen Rücken verließ, hörte die Hundepfoten hinter den beiden Männern die Treppe hinunterklappern und richtete mich mühsam auf. Die Ereignisse des Abends hatten mich wohl ein wenig aufgewärmt, aber da es zum Schlafen noch zu kalt war, schleppte ich mich zum Heizkörper. Die ersten Rippen waren schon lauwarm, aber der große Rest war kalt geblieben, eine Bestätigung meiner Vermutung, dass Luft in den Rohren war. Ich hatte bei der Verfolgungsjagd den Schlüssel fest umklammert gehalten, und jetzt wusste ich ihn zu nutzen, löste die kleine Vierkantschraube des Ventils, das wie ein Zylinder oben aus der Seite des Heizkörpers hervorstand. Nach nicht einmal einer halben Drehung hörte ich das Zischen entweichender Luft, und ich musste noch eine knappe Minute warten, bis ein Gluckern das sich nähernde Wasser ankündigte. Rasch zog ich den Vierkant wieder zu. Die Verwandlung geschah beinahe unmittelbar. Das ganze Gerät schien unter wohltuender und angenehmer Wärme zu erglühen, sodass ich mich nicht gleich zurückzog, sondern das Kopfkissen vom Boden aufhob und mich auf einem Stuhl niederließ, um noch ein wenig von diesem Segen zu profitieren. Und so nickte ich schlaftrunken, dachte an den Geist meiner Vorgängerin und

wünschte ihr einen so tiefen Schlaf, wie ich ihn gleich für mich
selbst erhoffte, und währenddessen begannen meine Beine langsam aufzutauen unter der womöglich ersten Wärme, die dieses
Zimmer seit beinahe zwanzig Jahren erlebte.

Eine neue Fensterscheibe einsetzen

mit Milan Kundera

Benötigtes Werkzeug:
Hammer
Kittmesser
Bandmaß

Benötigtes Material:
Zurechtgeschnittene Glasscheibe
Kitt
Nägel

Regierungen wollen keine Transparenz. Sie wollen sie nicht, weil sie wissen, dass Transparenz mit Zerbrechlichkeit einhergeht. So ist es auch mit Glas. Zwar können Fensterscheiben aus einem flexibleren, weniger zerbrechlichen Material als Glas hergestellt werden, aber die allererste Anforderung an ein Fenster ist Transparenz. Dahinter verblassen alle anderen Qualitäten, woraus Tomas den Schluss zog, dass Transparenz zu Zerbrechlichkeit führt.

Den Sprung in der Scheibe nahm Tomas als Indiz dafür, dass seine mit so viel Liebe eingerichtete Festung nicht mehr uneinnehmbar war. Sein ganzes Erwachsenenleben hatte er eine Barriere zwischen sich und der Außenwelt aufrecht erhalten und niemandem gestattet, sie zu überschreiten. Während er noch glaubte, sie auf Abstand halten zu können wie all die anderen, hatte Odile doch einen Weg gefunden, und das zerbrochene Fenster war der endgültige Beweis, dass Tomas sich etwas vorgemacht hatte.

Vor ihrer ersten gemeinsamen Nacht hatte sie angerufen und behauptet, in einem Hotel in der Nachbarschaft abgestiegen zu sein. Bis auf die Haut durchnässt kam sie in seiner Wohnung an; ein Gewitter tobte über der Stadt, ihr langes Haar war in Strähnen an die geröteten Wangen geklatscht, und ihre Augen schauten dahinter hervor wie die eines Kindes, das sich im Schilf versteckt hat. An Wangen und Kinn blutend stand sie in der Wohnungstür, erklärte ihm atemlos, sie sei auf der Flucht vor dem Unwetter auf den Kopfsteinen ausgerutscht. Er säuberte ihre Wunden, suchte ihr frische Kleider heraus und wickelte sie in ein Handtuch, während sie ihn mit verliebten Blicken ansah, die er als Ausdruck des Wahnsinns missverstand. Am nächsten Morgen holte er ihren Koffer vom Bahnhof ab; es hatte kein Hotel gegeben.

Die Regeln in Tomas' Festung gestatteten es keiner Frau, zu übernachten, aber dieses rehhafte Geschöpf, das verwundet im Unwetter zu ihm gekommen war, hatte seine Zugbrücke unbehelligt überquert. Und erst nach fünf Tagen entdeckten die Wachmannschaften die Gefahr. Eine alte Freundin verließ die Stadt, Tomas übernahm ihre Wohnung im Haus gegenüber und brachte Odile dort unter. Jetzt, sieben Monate später, stand er

in der kleinen Wohnung und nahm die Szenerie in Augenschein. Im Wohnzimmer waren alle Scheiben bis auf eine gesprungen, als seien russische Panzer durch die Straßen gerollt, und ihre Vibration hätte das Glas bersten lassen. Im Schlafzimmer waren alle Scheiben bis auf eine heil, nur diese eine hatte einen Sprung, als sei eine weiße Taube, vom Sturm aus ihrem Kurs geworfen, gegen das Haus geprallt. Er wusste jetzt, dass sie ihn ausspioniert hatte.

Er saß auf der Matratze, die Odile in den Nächten, in denen sie nicht bei ihm schlafen durfte, als Schlafstatt diente, und betrachtete die zerbrochene Scheibe. An ein paar Stellen war der mürbe gewordene Kitt herausgefallen, und man sah die rostigen Köpfe der Nägel, die der Glaser hineingeschlagen hatte, um der Scheibe Halt zu geben. Tomas öffnete die Balkontür zum Innenhof, las die Scherben auf, die in der schmalen Fuge unter dem Fenster lagen, und als er sich wieder zum Zimmer umwandte, fiel sein Blick auf Odiles Kamera; auf ein Stativ geschraubt stand sie da wie eine Einladung, als wartete sie auf einen Kunden. Als Tomas schließlich den Mut gefunden hatte, durch den Sucher zu blicken, entdeckte er, dass die zwei Bruchlinien sich wie das Fadenkreuz in einem Zielfernrohr anordneten, das direkt auf seine Wohnung gerichtet war. Vom unbeleuchteten Inneren war nur der Bereich unmittelbar vor dem Fenster zu erkennen, und Tomas durchforstete sein Gedächtnis nach Szenen mit seinen anderen Geliebten, die Odile von hier aus beobachtet haben könnte.

Im Wohnzimmer eine ähnliche Anordnung; ein niedriger dreibeiniger Hocker war so aufgestellt, dass der Blick durch die einzige nicht angeknackste Scheibe in diesem schrägen Winkel direkt auf sein Küchenfenster fiel. Im selben Moment sah er wieder Tereza vor sich, wie sie mit nichts am Leib als einem Höschen im Schneidersitz auf dem Hackklotz vor dem Fenster gehockt hatte. Sie hatte durchs Fenster geschaut und ihm vorgeschwärmt, wie hell das Sternbild des Großen Wagens am Nachthimmel glänze, und gerade als Tomas dazu bemerkte, dass Goethes Held Werther dieses Sternbild allen anderen vorzog, hatte ihn eine erste Ahnung beschlichen, dass etwas Entsetzliches bevorstand.

Odile war in aller Herrgottsfrühe aus dem Haus gegangen. Sie wusste, was sie tun wollte. Mit großer Vorsicht hatte sie sich an der Glaserei vorbeigestohlen, um bloß nicht auf Tomas zu treffen. Sie hatte ihn zu einem ganz bestimmten Zeitpunkt in ihre Wohnung bestellt. Aber Tomas hielt sich nicht an Zeitpunkte, und sie wollte unbedingt vermeiden, ihm in die Augen schauen und womöglich erleben zu müssen, wie ihre Entschlossenheit zerschmolz, also beeilte sie sich, ihre graziösen Beine hüpften und tanzten über die Gehsteigplatten wie von der Morgenbrise getragen. In dem Café stand ein junger Mann von seinem Sitz auf und begrüßte sie mit flammendem Blick, und seine Lippen und Augen suchten gierig die gesenkten Lider der Frau vor ihm, die Wange, die sie ihm darbot.

Tomas gab dem Glaser das Stück Papier. Er hatte den Sitz jeder zerbrochenen Scheibe exakt vermessen und bat den Glaser, das Glas entsprechend kürzer zu schneiden, damit sich die Scheibe bequem einpassen ließ. Der Glaser hielt die schmale Scherbe, die Tomas ihm mitgebracht hatte, in die Höhe und suchte Glas von entsprechender Stärke heraus. Während Tomas sich nach Kitt, Nägeln und einem Kittmesser umsah, hörte er die Klinge des Glasschneiders über die glatte Oberfläche knirschen. Jede Schnittlinie endete mit einem lauten Knacken, wie brechendes Eis unter schweren Stiefeln. Die zerbrechlichen, in dickes Zeitungspapier gewickelten Scheiben unterm Arm, kehrte Tomas in Odiles Studio zurück.

Nachdem alle Splitter aus dem Rahmen gebürstet waren, setzte Tomas die erste Glasscheibe ein. Sie passte spielend an ihren neuen Platz, und er steckte einen der kleinen Nägel in den oberen Rand des Rahmens und klopfte ihn mit vorsichtigen Hammerschlägen ins Holz, um die Scheibe am Herauskippen zu hindern. Zu beiden Seiten der Scheibe schlug er je zwei weitere Nägel ein, dann setzte er noch einen vor die Unterkante. Odiles Ausbleiben war ihm nach wie vor nicht ganz geheuer. Jeder fern von Tomas verbrachte Augenblick war verlorene Zeit für sie, und die eigenartige Ausrichtung von Hocker und Fensterscheibe auf das Fenster seiner Wohnung fiel ihm wieder ein, während er den schweren Leinölduft des frisch geöffneten Päckchens Kitt atmete. Er spürte die Fettigkeit seiner Finger, die gummiartig-fleischige Beschaffenheit des Tons. Mit Daumen und Zeigefinger riss er einen Klumpen heraus und begann ihn zu kneten und zu formen. Er dachte an Odile, dieses schlichte faunhafte Wesen, das aus der Provinz zu ihm gekommen war, beide Hände fest um das einzige Buch geschlossen, das sie besaß. Wie selbstbewusst sie seitdem geworden war! Er hatte ihr die Arbeit im Buchladen verschafft, sie mit ins Theater genommen, ins Konzert, zu seinen Freunden (nicht zu allen). Was hatte er ihr nicht alles beigebracht, wie sehr sie geknetet und geformt! Die Scheibe ruckelte, und er schlug noch einen Nagel ein, um ihr zu zeigen, wer hier das letzte Wort hatte. Er drückte einen Batzen Kitt an den Rand der Scheibe, drückte ihn fest ans Glas und ans Holz und wiederholte den Vorgang mit anderen Kittwürsten, die nicht dicker als sein Daumen waren und sich überlappten, so dass rund um das Fenster eine wasserfeste Abdichtung entstand. Dann setzte er sich in Odiles Sessel und blickte hinaus über den Hof. Im Fenster seiner Wohnung bewegte sich etwas. Rasch hielt er sein Auge an den Sucher von Odiles Kamera, und als er mit fettigen Fingern das Objektiv scharfstellte, begann es in seinem Magen zu rumoren. Ein verirrter Sonnenstrahl beleuchtete seine Küche, beleuchtete den Rücken von Odile, ihr langes Haar. In Unterwäsche hockte sie auf dem alten Fleischklotz gleich vor dem Fenster, der ihm als Abstellfläche diente. Das Grummeln in Tomas' Magen wurde stärker, die Finger, so nah vors Gesicht gehalten, füllten seine Nasenlöcher mit dem Geruch von Fensterkitt. Er betrachtete das

Schauspiel mit stiller Konzentration, wie kaum ein Professor sie je auf den Gesichtern seiner Studenten zu sehen bekommt. Langsam wandte Odile ihm das Gesicht zu. Er wusste nicht, ob sie ihn auf seinem Beobachtungsposten sehen konnte, aber dieses Spektakel galt zweifellos ihm ganz allein. Anzeichen von Triumph konnte er auf ihrem Gesicht nicht erkennen, auch keine Liebe, nichts von der Hoffnung und der Sehnsucht, die er immer in ihrem Blick gesehen hatte, wenn er mit ihr schlief, nein, so schaute das Mitglied eines griechischen Chors, das Zeugnis ablegen will. Dann zogen die Hände eines Mannes ihren Kopf nach hinten und er sah, dass sie nicht allein war.

Als Puschkin den Diplomaten Georges d'Anthès beschuldigte, der Liebhaber seiner Frau zu sein, trafen die beiden Männer sich zum Duell. Tomas, der zum ersten Mal seit der Kindheit die Stiche der Eifersucht verspürte, griff entschlossen zum Kittmesser, aber weil er nicht über Puschkins Leidenschaft verfügte, machte er sich daran, den frisch um die neue Scheibe gedrückten Kitt geradezuschneiden und zu glätten, und versuchte, nicht an Odile auf dem Fleischklotz zu denken. Die gesprungene Scheibe war ersetzt, aber der ihm von Odile versetzte Schlag hatte mehr als nur eine Glasscheibe zerbrochen, der Sprung setzte sich weit über den Fensterrahmen hinaus fort, eine sich über die ganze Welt ausdehnende und Energien fressende Verwerfungslinie.

Lichtschalter auswechseln

mit Elfriede Jelinek

Benötigtes Werkzeug:
Schraubenzieher

Benötigtes Material:
Lichtschaltergehäuse

Elektriker sind teuer, sagt die Mutter. Die lassen sich fürs Rumstehen und Teetrinken bezahlen. Handwerker sind Wölfe und Frauen ihre natürliche Beute. So einer stochert sich noch die Überreste seines letzten Opfers aus den Zahnlücken, wenn er ins Haus kommt. Dann fletscht er die Zähne, schnalzt bedenklich mit der Zunge. Schwierige Sache, da muss ich telefonieren, da will Material beschafft sein. Wer hat das gemacht? Der Pfusch des letzten Handwerkers muss ausgebügelt werden. Oder haben Sie es selber versucht? Eine Missgeburt. Ich krieg das wieder hin, aber es kostet.

Mutter und Kind würden sich ein Kuckucksei ins Nest holen, einen Mann, der das Angebot beäugen würde, als wäre *ER* der Kunde. Die Mutter bräuchte Rosas scharfe Augen, um die flinken Hände des Handwerkers zu beobachten, aufzupassen, dass er die Arbeit macht, für die man ihn bezahlt, und nicht gute Arbeit ruiniert, um es wieder hinzukriegen, auch wenn es kostet. Und welche Muttersau öffnet dem Wolf die Tür, wenn ihr Ferkel im Haus ist? Die Mutter ist eine alte Frau, ihre Augen sind müde vom vielen Wachen über ihr Küken. Handwerker sind flink mit den Augen, ihr Blick tastet blitzschnell alles ab und taxiert, was zwei Frauen zu bieten haben. Ist der Schrank da antik? Dürfte ein paar Schillinge wert sein. Hübsche Gegend hier, bestimmt nicht billig. Blicke tasten wie Fingerspitzen das Inventar ab: Geschirr und Kissen, Bilder und Tafelsilber, Brüste und Gesäß. So ein Handwerker fragt, ob er das Bad benutzen darf, weil er sehen will, was für Unterwäsche über der Wanne hängt; weil er Inventur machen will. Was für Ware lagert in der Wohnung? Alte? Junge? Junge ist besser. Manche Ferkel tragen Unterhosen, da steht »Vernasch mich« drauf!

Rosa ist bestens geeignet für derlei Elektrikerarbeiten, ihre geschickten Finger passen in die engsten Spalte, ihre scharfen Augen sind den Blick auf Hals und Fähnchen, Violinschlüssel und Notenkopf gewöhnt. In ihrer neuen Wohnung muss sie solche Arbeiten nicht mehr machen, dort ist alles neu, perfekt. Aber diese alten Wände rotten vor sich hin, in die steckt man besser keinen müden Groschen mehr. Rosa gibt ihr Geld bei der Mutter ab, die es sicher beim Ersparten verwahrt. Die Mutter hat es unter ihrer Obhut, noch reichen Rosa ein paar Schillinge für Bus und Tram. Es wäre töricht, ihr schwer verdientes Geld, Mutters Geld, Rosas Verdienst, für eine Arbeit auszugeben, die sie ebenso gut selber machen können. Rosa macht die Arbeit, die Mutter sagt ihr wie.

Hat sie den Strom auch wirklich abgeschaltet? Die Mutter fragt es ein ums andere Mal. Ihre Rosa ist ein Schatz, den man

gut hüten muss, denn eines Tages, wenn sie bis dahin keiner zu grob anfasst, wird sie vielleicht zu einer Antiquität, unbezahlbar, unberührt, weil nie jemand eines ihrer Türchen aufgestoßen hat. Ist die Sicherung rausgeschraubt? Der Schalter umgelegt? Ganz sicher?

Rosa dreht die Schrauben aus der Abdeckplatte des Gehäuses, im Ganzen sind es zwei. Wenn die neue Abdeckplatte nicht dasselbe Format hat, muss sie das ganze Gehäuse tauschen, das heißt, noch einmal ins Elektrogeschäft, sich zu anzüglich grinsenden Männern in die Schlange stellen, die sich an ihr reiben, ihr ihren Bieratem, ihren Körperschweiß zu riechen geben, sie Schätzchen nennen, wo sie doch allein der Schatz ihrer Mutter ist.

Verleg die Schrauben nicht, sagt die Mutter, die passen wieder in die Löcher. Mutter ist sehr darum zu tun, dass Schrauben in Löcher passen, einmal hat sie eine Schraube in ein Loch drehen lassen, jetzt hat sie Rosa, und man sieht ja die viele Extraarbeit, die ihr das eingebrockt hat. Jahre hat es gedauert, alles wieder hinzukriegen, heute sind sie glücklich. Den Handwerker von damals hat sie weggeschickt. Er wollte mehr als eine Tasse Tee. Ihn hat sie abgeschafft, von seiner Arbeit ist ihr nur Rosa geblieben, aber die, sagt Mutter, hätte jeder x-beliebige Handwerker ihr besorgen können, eigentlich ist alles Mutters Arbeit, sein Anteil geht gegen Null, ein derber Hammerschlag, ein Surren des Bohrers, und weg war er.

Rosa hebt die Abdeckung vom Gehäuse, aber beides wird von starken Drähten zusammengehalten. Schwarz und rot, gelb und grün. Stromführend, neutral, Erde, Mutter, Kind. Stromführend und neutral stecken in derselben Gummihaut, untrennbar, wie Mutter und Kind. Mutter ist stromführend, Rosa ist neutral. Tatsächlich aber ist Mutter der Schalter; sie sagt Rosa, wann sie an- und wann sie auszugehen hat. Rosa ist wie ein von Mutter kontrollierter Strom, zu ihrer eigenen Sicherheit, zu Mutters Sicherheit. Das Gehäuse hängt am Kabel wie das Kind an der Nabelschnur; knipst man sie durch, stirbt das Kind, stirbt die Mutter. Eine nach der anderen löst Rosa die Schrauben und zieht die Kabelenden heraus; das alte angeknackste Gehäuse kann in die Tonne, unverbunden ist es zu nichts mehr nutze.

Zum Schalter führen ein zweipoliges Kabel und die Erde. Die drei Kabel sind Seite an Seite in ihre Plastikhaut gezwängt. Die Erde steckt noch in ihrer Buchse auf der Rückwand der Dose. Der rote und der schwarze Stromleiter müssen mit dem neuen Schalter verbunden werden. Mutter besteht darauf. Man zieht die Haut von der Kabelspitze zurück, die man in die Buchse steckt, um sie dort fest zu verschrauben, damit das Kabel nicht heraus- und kein anderes hineinschlüpfen kann. Das obere Ende des Gehäuses ist mit dem Wort »oben« bezeichnet, damit man es nicht falsch herum montiert. Auf diese Weise erlischt das Licht, wenn man den Schalter nach unten tippt. Falsch herum würde es genauso gut funktionieren, aber es ist nun einmal so gedacht. Jetzt weiß Mutter wenigstens, wann das Licht brennt und wann nicht. Rosa würde es gerne falsch herum festschrauben, aber die Mutter lässt sie nicht. Nimm Klebeband, damit man weiß, wo welches Kabel hingehört, schnauzt Mutter, dabei sind es nur zwei Kabel, und es ist egal, welches in welche Buchse kommt. Wären es mehrere, würde Rosa eines nach dem anderen losschrauben und mit Etiketten versehen, aber das ist nicht nötig.

Rosa löst die kleinen Schrauben, wie Maden, die in ihren Löchern dämmern, und zieht die Kabel heraus. Mutter fürchtet sich; solange Kabel lose hängen, hat sie Angst um ihren kleinen Schatz; sie möchte ihren Schatz nicht gerne schmoren sehen. Rosa steckt die Enden in die Buchsen des neuen Gehäuses und setzt die Schrauben wieder ein. Die Löcher werden nicht lange offen bleiben, bald sind sie wieder fest verschlossen, wie Mutters und Rosas, und nichts kann mehr hinein und Funken schlagen. Ein Kurzschluss, und Mutter könnte den Schalter nicht mehr umlegen, und das wäre gefährlich.

Rosa schraubt das Gehäuse wieder fest. Seine Elfenbeintaste wartet auf die Berührung einer Virtuosin, nicht die Grobheit einer schweren Hand. Kein Mann wird diesen Schalter je anknipsen. Rosa setzt die Sicherung wieder ein, der Strom kann wieder fließen. Na also, es war nicht nötig, einen Mann ins Haus zu holen, damit er mit seinem gefährlichen Werkzeug in ihre

Dose stochert. Jetzt darf die tapfere Mutter als erste den Schalter ausprobieren. Ihr Finger tippt auf die Taste, das Licht geht an, und als sie ein zweites Mal drückt, geht es wieder aus. So hat sie es gern.

Ein Zimmer streichen

mit Haruki Murakami

Benötigtes Werkzeug:

5-Zoll-Malerpinsel
Lammfellrolle (optional)
2-Zoll-Lackpinsel
Spachtel

Benötigtes Material:

2,5 Liter weiße Wandfarbe
5 Liter blaue Wandfarbe
2 Liter weißer Lack
Seifenlauge
Sandpapier
Spachtelmasse

Ich war dreiundzwanzig, als ich mich zum ersten Mal verliebte, eine Liebe, die mich beinahe getötet hätte, wie ein Vulkan, der die Bauern an seine fruchtbaren Hänge lockt und sie dann unter Asche begräbt, um sie über Tausende von Jahren in einer Pose erstarrt zu konservieren, nur dass ich überlebt habe und von meiner Geschichte berichten kann, und dass meine Gefangenschaft keine tausend Jahre gedauert hat, jedenfalls nicht ganz.

Ich hatte gerade an der Journalistenschule in Kobe mein Examen gemacht und war nach Tokio gezogen. Ich kannte dort ein paar Leute, aber das erste Mädchen, mit dem ich mich in der neuen Stadt befreundete, war Aoko. Gelegentlich arbeitete sie als

Hostess in einem beliebten Jazzclub im Shinjuku-Distrikt. Ich schaute dort manchmal vorbei, hielt mich den ganzen Abend an einem Glas Whisky fest, redete mit niemandem ein Wort und verlor mich in der Musik. Als mir das Mädchen eines Tages zufällig in einem Schallplattenladen über den Weg lief, lud ich sie zu einem Kaffee ein. Daraus wurde mit der Zeit ein regelmäßiges Treffen, und nach und nach erzählte sie mir mehr von sich, von ihrem Freund Toru, der sich ein Jahr zuvor mit dem Auto zu Tode gefahren hatte, von ihrem Vater, der kürzlich nach langer Krankheit gestorben war, davon, dass sie als Kind Klavierspielen gelernt hatte und jetzt kein Klavier mehr anrühren konnte. Sie hatte gerade eine neue Wohnung gefunden; sie lag in einem heruntergekommenen Teil der Stadt, aber der Vermieter hatte ihr ein sehr gutes Angebot gemacht, solange sie dort selber für Ordnung sorgte.

Aoko – ihr Name bedeutete Blau – trug einen weißen Mantel, an der Taille gegürtelt, das lange Haar reichte fast bis zur Tischplatte, sie sah gut aus, sogar im Licht der Neonröhren. Ich finanzierte mein Studium damit, dass ich anderen Leuten die Wohnung renovierte, und bot ihr meine Hilfe an. Sie sah so gut aus, dass ich ihr meine Hilfe auch angeboten hätte, wenn ich noch keinen Farbtopf aus der Ferne gesehen hätte. Damals lehnte sie ab, aber als ich ihr ein paar Monate später im Jazzclub begegnete, fragte sie, ob das Angebot noch galt, und weil sie immer noch fantastisch aussah, galt es noch.

Der kleine Raum war schon so lange verwahrlost, dass wir den alten Anstrich nicht einmal mehr ahnen konnten. Wir räumten Aokos wenige Habseligkeiten aus dem Zimmer und schoben das Bett mit vereinten Kräften in die Mitte. Aoko, die ein hellblaues Baumwollhemd und abgeschnittene Jeans trug, befestigte die Abdeckplane mit Klebeband an den Fußleisten, während ich mit schwereren Baumwolltüchern die Möbel in der Zimmermitte verhängte.

Zuerst mussten wir den jahrealten Schmutz von Wänden, Decke und Balken waschen. Ich füllte warmes Wasser und Seifenlauge in einen Eimer, wir streiften uns violette Latexhandschuhe über, die mir von einem Studentenjob in einer pharmazeutischen Firma geblieben waren, und begannen, den Raum vom Boden bis zur Decke abzuwaschen. In den Ecken hingen fingerdick Staub und Spinnweben, und wir waren nach kürzester Zeit in Schweiß und Wasser gebadet. Nach der gelblichen Färbung der ehemals weißen Wände zu urteilen, musste der Vormieter an die hundert Zigaretten täglich geraucht haben, aber die Seifenlauge fraß sich durch den fettigen Schmutz. Ich betrachtete Aoko, die auf der Leiter stand, um bis in die Ecken hinauf reichen zu können. Den rechten Arm mit dem Schwamm schwenkte sie hin und her, als würde sie einem Unsichtbaren hinter der Wand zuwinken, und bei jeder Bewegung des Arms wiegte sie sich elegant in den von den Cutoffs eng umschlossenen Hüften. Meine Fantasie sprang an, und ich stellte mir ihren Körper vor, nackt an meinem, aber für diesen glücklichen Ausgang, sollte es je dazu kommen, war es noch zu früh in unserer Geschichte. Als wir mit dem Abwaschen fertig waren, sah das Zimmer fast schon wie frisch gestrichen aus. Kaum zu glauben, dass sich solche Mengen Dreck an einer vertikalen Fläche festhalten konnten, aber zwei Eimer schmierig-schwarzen Wassers dokumentierten, was die Jahre alles auf den vier Wänden dieses kleinen Zimmers abgelagert hatten.

Ich war mit meiner Seite fertig und legte eine Pause ein. »He, Aoko, hast du ein Telefon? Ich müsste mal jemanden anrufen.« Sie winkte mich zu sich herüber und zeigte auf eine Telefonzelle an der Straße, direkt unterhalb des Fensters. »Was, wenn jemand dich anrufen möchte?«

»Ich gebe die Nummer nicht vielen Leuten, aber wenn ich angezogen und startklar bin, schaffe ich es in zweiundfünfzig Sekunden zum Münzfernsprecher.«

Nach dem Telefongespräch holte ich Kaffee, Donuts und Zigaretten. Als ich zurückkam, bewunderte Aoko gerade unser Werk. Ich reichte ihr einen Becher Kaffee. Sie bedankte sich. Wir setzten uns auf unsere Trittleitern. Ihre beinahe kindlich schmalen Hüften passten leicht auf den luftigen Sitz.

»Es geht nichts über eine Kaffeepause«, sagte ich. »Man lehnt sich zurück und bewundert seine Arbeit. In jedem Stadium kann man sich über etwas Neues freuen. Als nächstes steht Spachteln und Schmirgeln auf dem Programm.«

»Du bist fantastisch, Yuri, ohne dich wäre ich aufgeschmissen gewesen. Ich hätte die Farbe nur einfach an die Wand geklatscht.«

»Na ja, warum auch nicht, oft wollen die Leute einfach gleich mit dem anfangen, was am meisten Spaß macht, aber von diesem Schmierfilm wäre sie bald abgeblättert.«

Ich ging in die Küche, um Spachtelmasse anzurühren. Die Küche war noch schlimmer dran, sie stank nach altem Fett und sah aus wie der Schauplatz eines Blutbads. Ich ließ einen Schwall grauweißes Pulver in eine Schüssel rieseln, schüttete Wasser dazu und rührte die Pampe so lange um, bis sie wie Milchreis aussah. Die Spachtelmasse würde alle kleinen Risse und Löcher verdecken, die wir finden konnten. Im Lauf der Jahre waren so viele Bilder an die Wände genagelt worden, dass die wie Schimmelkäse aussahen. Ich teilte die Mischung in zwei Portionen auf, und mit Spachteln bewaffnet machten wir uns daran, dem Zimmer seine Jugend zurückzugeben, alle Runzeln und Pockennarben zu füllen, die Wände mit leuchtendweißen Spachtelflecken zu übersäen.

»He, Yuri, ich glaube, ich hab das noch nicht raus, mit der Klinge krieg ich die Wand nicht glatt.«

»Macht nichts«, sagte ich, »wenn sie trocken ist, gehen wir mit Sandpapier drüber.«

Aoko war so konzentriert bei der Sache, dass sie die Zunge in den Mundwinkel schob. Ich beobachtete sie, stellte mir vor, wie ihre Zunge sich an meiner anfühlte. Sie merkte, dass ich zu arbeiten aufgehört hatte, und fuhr die Zunge wieder ein.

»He, ich bin schneller als du.«

»Das wird sich gleich ändern«, sagte ich, aber ihre Zunge wollte mir nicht mehr aus dem Sinn gehen.

Inzwischen waren Decke und Wände getrocknet, und wir konnten damit beginnen, die Decke strahlendweiß zu streichen. Aoko wollte mit der Lammfellrolle arbeiten. »Ja, schneller geht es schon, aber mit dem Ding spritzt du das ganze Zimmer voll mit Farbe, und das Weiß leuchtet nicht so hell. Aber mach nur, wenn du es versuchen willst«, sagte ich. Während Aoko die Farbe in Richtung Deckenmitte ausrollte, verstrich ich sie mit dem breiten Pinsel in Ecken und Kanten. Der Himmel über unseren Köpfen wurde immer heller, die Möbel – mit weißen Laken bedeckt – lagen wie eine Winterlandschaft unter uns, und wir schwebten dazwischen wie zwei Wintervögel im Flug. Als ich schließlich herunterklettern musste, um die Platte zu wechseln, zog ich Bill Evans' »Waltz for Debbie« heraus und legte »Kind of Blue« auf. Von unten sah ich Aoko beim Streichen zu, ihre Bewegungen waren elegant und sparsam, perfekt balanciert auf der obersten Stufe der Trittleiter. Ich schaute bewundernd zu ihr auf.

Uns war klar, dass die Decke einen zweiten Anstrich brauchte, aber zuerst mussten wir sie trocknen lassen. Aoko schob sich eine Marlboro zwischen die Lippen, und wir machten Pause. Der Rauch kräuselte sich im Takt mit dem Klavier zur Decke hinauf;

die erste Bedrohung für das strahlende Weiß. Im Nebenzimmer fand ich eine Flasche Courvoisier und schenkte zwei Gläser voll.

»Du trinkst vormittags Cognac?«, wunderte sich Aoko.

»Bis zum Mittag rühre ich keine harten Sachen an.«

Sie lachte. »Du bist verrückt, Yuri.« Sie nahm das Glas, und zart wie ein Schmetterling, der auf einer Blüte landet, berührten ihre Lippen seinen Rand. Ich stellte mir vor, was es für ein Gefühl wäre, wenn dieser Schmetterling auf meinem Mund landen würde, und sah, wie das Aroma des Cognacs ihr die Nase kräuselte.

»Du willst mich doch nicht etwa betrunken machen, oder?«, scherzte sie.

»Ich hab daran gedacht.« Ich war ehrlich.

Ich war mit ein paar anderen Mädchen zusammen gewesen, seit ich Aoko kannte, aber es war irgendwie sinnlos. Affären mit anderen hatten etwas von Russischem Roulette. Ich konnte ein paarmal mit ihnen schlafen, solange der Hammer auf eine leere Kammer schlug, war es gut, bis er irgendwann die Kammer traf, die meine Gefühle für Aoko enthielt, und dann – wamm! –, eine Kugel in den Kopf, und das Spiel war aus.

Einmal war es mir schon gelungen, Aoko betrunken zu machen. Auf dem Heimweg hatten wir uns ein Taxi geteilt, und sie hatte sich vergessen und mich auf den Mund geküsst; Frontalzusammenstoß zweier Schmetterlinge, und ich hatte endlich die Chaostheorie begriffen. Die anschließende Flutwelle donnerte durch meine Welt, schwemmte alles fort. Als das Wasser wieder ablief, nahm es alles mit, und die Rettungswagen kamen nicht durch.

Ich hatte Aoko jetzt lange genug angestarrt, ohne ein Wort zu sagen. Sie nahm ein Stück Sandpapier zur Hand. »He, Yuri, wie stellen die das Zeug eigentlich her? Nehmen die richtigen Sand dazu?«

»Ja, die schicken ganze Trupps in die Wüste Gobi. Zuerst werden riesige Bögen Pappe mit Leim eingepinselt, und dann legen Kolonnen von Gobi-Bewohnern die Pappe mit der Vorderseite nach unten in den Sand, damit er kleben bleibt. Wenn du genau hinschaust, findest du Reste von Kamelscheiße.« Aoko lachte und sah mich mit diesem niedlichen Blick an, der mir bedeuten sollte, dass sie sich nicht auf den Arm nehmen ließ. Das alte Gleichgewicht war wieder hergestellt, guter alter Yuri. »Ich glaube, der Spachtel ist trocken genug. Jetzt schleifen wir ihn glatt, aber du musst das feine Papier nehmen, das grobe Zeug, das sie in Arizona herstellen, brauchen wir für die Balken.«

Das Schaben von Sandpapier auf Gips erfüllte den Raum, und über alles legte sich ein feines weißes Pulver, überzog Aokos schwarzes Haar mit Puderzucker, sammelte sich auf Wimpern und Lippen; zusammen alterten wir rapide in einem mit weißen Laken bedeckten Zimmer, und ich musste an eine Figur aus einem Roman von Dickens denken, den ich gelesen hatte. Aoko sah nach wie vor wunderschön aus. Ihr weißer werdendes Haar hatte sie zurückgebunden, und sie trug weiße Turnschuhe. Sie hatte eine gute Technik, eine leichte Hand, die jede bearbeitete Fläche wunderbar glatt hinterließ. Während ich den Türrahmen schmirgelte, Bodenleisten und Fensternischen glättete, beobachtete ich durch den Staub, wie sie sich hinauf zu den Stellen reckte, die wir unter der Decke verspachtelt hatten; ihr Baumwollhemd spannte sich fest über ihrer Brust, sodass die Umrisse ihrer Nippel sichtbar wurden. Die Lust beschwerte meine Hose wie ein Stein. Das Bedürfnis, sie zu umarmen, wurde beinahe übermächtig, das Schaben war der Sound des Bluts, das mir durch die Ohren rauschte.

Ich stand hinter ihr, machte mir vor, ihr bei der Arbeit zuzusehen. Man kann sich nicht lange etwas vormachen, also streckte ich meine Hand aus und legte sie ihr in den Nacken; ihr Haar an meiner Handfläche war weich und glatt.

»Es ist genug«, sagte ich. Aoko war erstarrt, mit dem Gesicht zur Wand, die Hand noch gehoben, ihre Hüften nur Zentimeter von meinen entfernt, und ich spürte die Wärme ihres Körpers. Ich rückte noch näher heran, mein Mund auf Höhe ihres perfekten Ohrs, der Duft ihres Schweißes und Parfüms mit Staub vermischt. So standen wir da, reglos, jeder dem Atem des anderen lauschend. Jetzt, nachdem das Schmirgeln aufgehört hatte, war Coltranes »How Deep Is the Ocean« wieder zu hören. Sehr tief. Ich schob die linke Hand um sie herum und legte sie auf ihre Brust.

Aoko sprach als Erste. »Yuri san, du bist mein bester Freund, aber ich kann nicht deine Geliebte sein.« Sie drehte sich zu mir um, das Gesicht gesenkt, eine Träne lief daran herunter, eine glitzernde Spur auf dem Geishaweiß ihrer Wangen. Ich sagte nichts. Mir war elend zumute.

»Tut mir leid, Yuri.« Das Gesicht noch gesenkt. »Ich bin nicht die Richtige für dich. Ich würde dich unglücklich machen, und das will ich dir nicht antun. Ich bin nicht so besonnen, wie ich erscheine, und du sollst dich nicht mit Vorstellungen von mir aufhalten. Such dir ein nettes normales Mädchen als Freundin. Wenn du dich in mich verliebst, sind wir keine Freunde mehr.«

»Ich werde mir keinen Strick kaufen, falls du das befürchtest.« Kaum war es gesagt, bedauerte ich es. Draußen hatte es zu regnen begonnen, und ich dachte an Toru, der sich mit durchgetretenem Gaspedal ins Jenseits befördert hatte, und das im Leerlauf.

»Ich muss mal raus hier. Hast du nicht gesagt, wir brauchen noch Lack?«

Ich wollte auch raus, mich in den Regen stellen, aber Aoko war mir zuvorgekommen. »Ja, einen Liter weißen Lack noch, für die Türen.« Ich versuchte nicht, sie zurückzuhalten. Die Tür schloss sich mit einem Klacken, das wie der Punkt auf einer alten Schreibmaschine klang.

Ich trank noch einen Brandy und rauchte eine Zigarette. Hatte ich einen Fehler gemacht? Damals war ich davon überzeugt, aber heute, zwanzig Jahre später, bin ich nicht mehr so sicher. Es kos-

Ein Zimmer streichen

tete mich nicht viel Zeit, der Decke einen zweiten Anstrich zu verpassen, und dann öffnete ich den Eimer mit der Wandfarbe: Taubenblau hatte Aoko sich ausgesucht. Ich rührte die Flüssigkeit mit einem Stock um und begann, mit dem großen Malerpinsel die Kanten und Ecken des Raums zu streichen. Die Konzentration auf die Pinselstriche klärte meine Gedanken. Der blaue Rand stand dem Zimmer so gut, dass ich es am liebsten so gelassen hätte. Aoko ließ sich viel Zeit, aber ich vermutete, dass sie Abstand brauchte. Dann waren die Wände eben gestrichen, wenn sie wiederkam. Ein paar Stunden später war ich mit dem ersten Anstrich fertig. Es sah fantastisch aus. An den Stellen, wo wir gespachtelt hatten, waren noch Flecken zu sehen, aber die würden unter dem zweiten Anstrich verschwinden. Es war spät geworden, und ich machte Pause, um etwas zu essen. In der Küche fand ich ein paar Nudeln und Misosuppe; ich aß im Stehen, schaute zum Fenster hinaus in den endlosen Aprilregen. Wo Aoko wohl blieb? Warum brauchte sie so lang? Als es dunkel wurde, hatte ich den zweiten Anstrich fertig und die Flasche Cognac leer getrunken. Auf Aokos Bett fielen mir schließlich die Augen zu, im Zimmer lag noch immer eine feine, weiße Staubschicht über allem.

Erst nach Wochen hörte ich wieder von Aoko. Ich war in ihrer Wohnung geblieben, auch nachdem ich mit allen Renovierungsarbeiten fertig war, aber die Laken hatte ich über den Möbeln liegen lassen, als wäre sie gerade erst aus dem Zimmer gegangen. Ich holte aus meiner Wohnung ein paar von meinen Sachen herüber, aber ich blieb nicht lange weg, für den Fall, dass sie anrief oder vorbeikam. Eines Nachts weckte mich das Klingeln des Münzfernsprechers. Ich wusste, dass es Aoko war. Ich schlief immer in meinen Kleidern, für den Fall der Fälle. Keuchend, auf rutschigen Tennisschuhsohlen rannte ich über die nasse Straße und schaffte es, bevor es zu klingeln aufgehört hatte. Keiner sprach, aber ich wusste, dass es Aoko war. Hielt sie den Hörer in der Hand, oder baumelte er nur am Apparat und fing die Straßengeräusche ein? Wenigstens regnete es dort; wir standen im selben Regen. Ich lehnte meinen Kopf gegen das Glas und schaute auf die vorbeifahrenden Scheinwerfer. Dann erzählte ich ihr von der Wohnung, und wie schön das Blau ihr stand. »Wenn du wieder da bist, überlegen wir uns, wo du deine Blue-Note-Poster aufhängst.« Ich redete weiter, erzählte ihr alles über das Zimmer, dass ich die Balken mit Terpentinersatz gereinigt hatte, bevor zwei Schichten Lack draufkamen, dass ich die Fenster offen stehen lassen musste, bis die Rahmen ganz getrocknet waren, damit sie nicht verklebten. Ich erzählte ihr von dem Vogel, der auf dem Fenstersims gelandet war, und von der Katze aus der Nachbarwohnung, die mich besucht hatte. Ich redete immer weiter, bis aus dem Geräusch der auf regennasser Straße vorbeifahrenden Autos am anderen Ende der Leitung das Rauschen einer Meeresbrandung geworden war. Schließlich hörte ich auf zu erzählen, fragte mich, ob sie noch zuhörte, wie viel Geld sie eingeworfen hatte, aber ich konnte den Hörer nicht aus der Hand geben, nicht aufhören, in den Regen zu starren und an das endlose Meer zu denken.

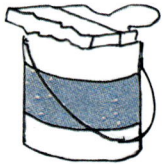

Ein Bad fliesen

mit Fjodor Dostojewski

Benötigtes Werkzeug:

Hammer
Wasserwaage
Streichblech
Fliesenschneider
Schwamm
Holzleiste
Maßband
Staublaken

Benötigtes Material:

Fliesen
Fugenkreuze
Fliesenkleber
Fliesenmörtel

Mit beinahe stoischer Ergebenheit zog Pokoroff an der Türklingel der Wohnung in der K–Straße. Die fadenscheinige Werkzeugtasche in seiner Hand erschien ihm auf einmal vollkommen unzulänglich für jemanden, der sich als gestandener Fliesenleger ausgab, und er konnte nur hoffen, dass die alte Frau die Täuschung nicht bemerkte. Seine zerlumpten Kleider, speckig und ölverschmiert, hätten eher zu einem Kanalarbeiter gepasst, aber der Student war abgebrannt bis auf die letzte Kopeke und brauchte das Geld. Hinter der Tür hörte er die Pantoffeln der alten Dame den Flur entlangschlurfen, ein Riegel wurde zurückgeschoben, er schloss die Hand fester um den rauen Griff der Tasche und versuchte, sich zu sammeln. Zwei Augen spähten ihm aus dem Inneren der Wohnung entgegen. »Mehr haben Sie nicht dabei?«, fragte deren Besitzerin argwöhnisch.

»Mehr brauche ich nicht. Wenn Sie mir bitte das Badezimmer zeigen wollen.« Als er das sagte, meinte er ein spöttisches Funkeln in den Augen der Witwe zu erkennen. Aus der Wohnung der alten Frau schlug ihm ein muffiger Geruch entgegen, und Pokoroff schob sich mit der Miene eines Mannes, den es große Mühe kostet, einen selbstbewussten Eindruck zu machen, an ihr vorbei.

Es herrschte eine stickige Wärme in der Wohnung, als sie ihn durch einen kleinen Salon führte. Das Licht hatte einen gelblichen, beinahe grünlichen Ton, und Pokoroffs Blick fiel auf den Kaminsims, auf dem sich ein Sammelsurium von Heiligenbildern mit einer Gruppe bäuerlicher Porzellanfiguren um den Platz streiten musste; ein bitteres Lächeln spielte um die Lippen unseres Helden. »Da wären wir, Batuschka. Mein Schwiegersohn hat das Material unters Waschbecken gestellt. Ich bin gegen vier wieder zurück.«

Pokoroff sank der Mut, als er die Umgebung in all ihrer Scheußlichkeit auf sich wirken ließ. In einem rostfleckigen Spiegel über dem Waschbecken erblickte er eine uralte Badewanne, ihrerseits von einem einzigen, schmutzig-braunen, vom tropfenden Wasserhahn bis zum Ablauf reichenden Fleck verfärbt.

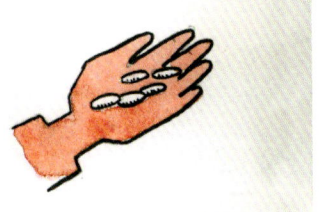

„MEHR NICHT?",
RIEF ER AUS

ER STOCHERTE MIT DER
ROSTIGEN KLINGE HERUM

ER SCHWANG
DAS BEIL

ER BEGANN, FLIESEN-
KLEBER ZU VERSTREICHEN

ER HOLTE SICH
EINEN EIMER

POKOROFF STÜRMTE ZUR
HINTERTUER AUS DER
WOHNUNG

Ein wackliger Tisch, auf dem Gläser mit Badesalzen standen, trennte die Wanne von der frisch desinfizierten Kloschüssel, während sich zwischen Spiegel und Waschbecken eine rissiger Spritzschutz, in dem eine Reihe Fliesen fehlte, nur mehr mühevoll an der Wand festhalten konnte. Ein Stückchen Seife und ein Wasserglas mit einem Sprung, in dem ein Gebiss und eine schüttere Zahnbürste steckten, vervollständigten das Inventar.

»Vielleicht könnten Sie mir ein bisschen Geld vorstrecken«, sagte unser Held, während er vorgab, die vom Schwiegersohn zurückgelassenen Materialien auf Vollständigkeit zu prüfen. Im Rückblick auf diesen Tag würde Pokoroff sich über seine Gerissenheit wundern. »Wie es aussieht, werden Kleber und Mörtel nicht bis zum Feierabend reichen.«

Die alte Frau zog einen weißen Lederbeutel aus ihrer Handtasche und ließ die Spange aufschnappen. Das abgegriffene Geldbehältnis enthielt wohl mehr als hundert Rubel; um kein Misstrauen zu erwecken, hielt Pokoroff den Blick fest auf das Vorderhaupt der alten Dame gerichtet, auf dem spärliche Locken in dem grünlichen Licht nicht mehr verdecken konnten, wie bleich ihre Kopfhaut war. Ein jäher Druck in der Handfläche brachte ihn wieder zu sich, und mit zornigem Blick quittierte er die Zehn-Rubel-Note, die sie ihm hineingelegt hatte.

»Mehr nicht?«, rief er mit unverhohlenem Ärger aus.

Die alte Dame lächelte angesichts seiner Enttäuschung. »Gut, dann sollen Sie den Lohn für Ihre Arbeit jetzt gleich bekommen, und wenn Sie Material nachkaufen müssen, kann ich Ihnen die Differenz ja später noch erstatten.« Sie zählte unserem Helden fünfzig Rubel in die zitternde Hand. »Ich darf mich wohl darauf verlassen, dass Sie ordentliche Arbeit leisten.«

Unser selbsternannter Fliesenleger stopfte sich die Scheine in die Tasche seiner zerlumpten Jacke, und da er in dieser letzten Bemerkung einen fragenden Unterton vernommen zu haben meinte, schaute er ihr mit leicht gerunzelter Stirn nach, als sie die Wohnung verließ und die Tür hinter sich zuzog.

Pokoroff klappte jetzt zum ersten Mal die Werkzeugtasche auf, die er aus einem Schuppen im Hinterhof seines Mietshauses entwendet hatte, und ein erster Blick auf ihren in die Jahre gekommenen Inhalt ließ ihm die Zornesröte ins Gesicht steigen. »Wie kann einer bloß so ein Narr sein«, murmelte er. Die Tasche enthielt nicht etwa die Ausrüstung eines Handwerkers, sondern die Utensilien eines Gärtners. »Wegen solcher Kleinigkeiten scheitert womöglich das ganze Projekt.«

Ungläubig inspizierte er den Inhalt der Tasche, aber einen Spachtel suchte er vergeblich. Am Boden zerstört, ja gedemütigt nahm er eine Sichel zur Hand und stocherte mit der rostigen Klinge hinter den Fliesen über dem Waschbecken herum. Weil die Feuchtigkeit langer Jahre den Mörtel, der sie an der Wand hielt, geschwächt hatte, ließen sie sich leicht ablösen und stürzten hinunter ins Waschbecken, wo sie mit lautem Geschepper zerbrachen. Wo sie eben noch geklebt hatten, war jetzt eine hässliche rechteckige Fläche gefurchten, hartgetrockneten Fliesenmörtels zum Vorschein gekommen. Pokoroff schabte mit dem Sichelblatt daran herum, um die Oberfläche zu glätten, aber so unfähig der Kleber war, die Fliesen an der Wand zu halten, so hartnäckig klammerte er sich selbst an ihr fest. Mit Sichelhieben gelang es unserem Handwerksmann, kleine Brocken gehärteten Mörtels, von denen manch einer ihm ins Gesicht flog, loszuklopfen, um auf diese Weise die am weitesten herausragenden, vom Fliesenkleber gebildeten Riffel nach und nach ein wenig einzuebnen.

Die alte Frau hatte, wie es alter Frauen Art ist, nichts dem Zufall überlassen und einen Sack für Abfall bereitgestellt, den Pokoroff jetzt mit dem Schutt aus dem Waschbecken zu füllen begann. Die Fliesenscherben hatten scharfe Kanten, und als er den Sprung in der Glasur des Beckens sah, geriet er in Wut. Wie hatte er so gedankenlos sein können? Es wäre ein Leichtes gewesen, das Becken abzudecken, um den Sturz der Fliesen zu mildern. Mit bitterer Bestürzung musste er jetzt auch noch feststellen, dass er sich geschnitten hatte und ihm das Blut von der Hand tropfte. Erst als er die dicken Blutstropfen auf seinen Schuhen und den Bodenfliesen sah, kam er auf die Idee, die verletzte Hand über den Abfallsack zu halten. Dicke rote Tropfen klatschten auf die zerbrochenen Fliesen und färbten ihre weiße Glasur rot. Ihm wurde schwindelig, und für einen Moment schienen die Fliesen ihm segnend zuzulächeln, bis er erkannte, dass es gar kein Trugbild war. Halb versteckt im Schutt lauerten als unappetitliche Überraschung die dritten Zähne der Witwe. Er hatte in seiner Eile vergessen, das Badezimmer aufzuräumen. »Kleinigkeiten, Kleinigkeiten«, murmelte er vor sich hin, und als er den Blick hob, konnte er zwischen den Fliesenscherben im Waschbecken deutlich die Überreste des Glases erkennen, in dem die Zähne aufbewahrt worden waren. Mit Widerwillen barg er die blutverschmierten Zähne, steckte sie sich in die Hosentasche. Dann wickelte er sich einen Lappen um die verletzte Hand, und schaute zu, wie das Blut den weißen Stoff rot färbte.

Pokoroff wurde ganz anders. Er musste raus aus der schwülen Atmosphäre der Wohnung und ging zur Hintertür, die in einen kleinen Innenhof führte. Er stand auf der Schwelle, atmete tief durch, hielt das Gesicht in den Wind, und während er das tat, erblickte er eine Leine voll mit Wäsche, aufgehängt am frühen Morgen, als er noch im Bett lag und gegen den Widerwillen ankämpfte, sich nach einer unruhigen Nacht aus demselben zu erheben.

Er schnappte sich ein Taschentuch von der Leine und ersetzte damit den blutigen Lappen, den er an den frei gewordenen Platz hängte. Er sah sich um, riss ein großes Laken aus seinen Wäscheklammern und trug es zurück ins Badezimmer, um das nicht mehr taufrische Email der Badewanne damit zu schützen. Unser Handwerksmann hatte es jetzt eilig, dieses Haus wieder zu verlassen, also verlor er keine Zeit. Er nahm die Sichel zur

Hand und machte sich damit über die Fliesen her, hieb wie rasend auf die Wände ein, hebelte Fliesen einzeln und in Paaren aus, bis die Wände nackt waren und die Badewanne sich unter dem Gewicht des Schutts bog.

Brennend vor Ungeduld riss er das Paket mit den Fliesen auf und nahm mit einem Stück Gartenschnur das Maß einer Fliesenkante. Es war sein Plan, exakt auf Höhe der zweiten Fliesenreihe eine Latte anzubringen, die er eigens zu diesem Zweck mitgebracht hatte. Sie würde die Fliesen daran hindern, an der Wand herabzurutschen, und dafür sorgen, dass ihre Reihen waagerecht verliefen und nicht dem Gefälle der Badewanne folgten. Er steckte sich die beiden Maurernägel zwischen die Lippen und nahm die Leiste zur Hand, aber er wurde in seiner Arbeit unterbrochen. Wo war der Hammer? Er spuckte die Nägel wieder aus, durchsuchte noch einmal die Tasche, drehte sie auf den Kopf und schüttelte so lange, bis eine Gartenkelle und ein Beil auf den Badezimmerboden polterten. Ein böses Lächeln spielte um seine Lippen. In Ermangelung einer Wasserwaage bemühte er sein Augenmaß, ihm zu gewähren, dass die Leiste auch wirklich waagerecht verlief. Er hatte keine Sekunde mehr zu verlieren. Er schwang das Beil, ließ das stumpfe Ende beinahe mechanisch auf den Kopf des ersten Nagels heruntersausen. Der spitze Befestigungsstift drang durch das weiche Holz. Mit gesteigertem Kraftaufwand und zwei weiteren Hieben trieb Pokoroff den Nagel in die Wand. Noch einmal prüfte er die Höhe der Leiste, bevor er den zweiten Nagel in Stellung brachte und mit kräftigen Hieben durch Holz und Wandputz trieb, die Leiste an der Wand fixierte. Geschafft. Dicke Schweißtropfen rollten ihm in den Nacken, als er begann, Fliesenkleber zu verstreichen, immer einen Quadratmeter nach dem anderen. Mit zitternden Händen, dürren Lippen drückte er nachgerade wie im Affekt eine Fliese nach der anderen an ihren Platz. Unter dem von seiner Arbeitgeberin bereitgestellten Material hatte Pokoroff einen Beutel mit kleinen weißen Plastikkreuzen gefunden, mit deren Hilfe er den Abstand zwischen den einzelnen Fliesen konstant zu halten vermochte. Im verzweifelten Verlangen, diesen höhnischen Räumlichkeiten so bald wie möglich zu entkommen, wurde er immer verwegener. Mangels Fliesenschneider griff er zur Heckenschere, um die Endstücke für die Ecken zurechtzuschneiden, bis er sich endlich daranmachen konnte, das halbe Dutzend Fliesen über dem Waschbecken zu ersetzen.

Und noch immer standen viele Hindernisse, gewaltige Herausforderungen zwischen unserem Helden und seiner Freiheit. Die Holzlatte war noch fest in der Wand vernagelt, Mörtel wollte angemischt werden, bevor man die Lücken zwischen den Fliesen mit ihm füllen konnte. Auf einen Fuß in der Badewanne gestützt zog er an der Leiste, ruckelte, aber die Nägel hielten. Mit größter Ungeduld brachte er das Beil zum Einsatz, um das widerständige Objekt damit auszuhebeln. Als es schließlich nachgab, taumelte Pokoroff nach hinten, das Beil flog ihm aus der Hand, durchquerte die bescheidene Breite des Raums, um mit lautem Krachen im Waschbecken zu landen. Jetzt teilte vom Wasserhahn bis zum Abfluss ein breiter Spalt das weiße Cranium des Beckens. Pokoroff stolperte fassungslos nach hinten, inzwischen ein wohlfeiles Opfer der düsteren Ahnung, dass seine Arbeitsweise den gestellten Aufgaben möglicherweise nicht ganz angemessen war. Die Zeit machte keine Pause, und jeden Augenblick konnte die alte Dame zurückkehren.

Er holte sich einen Eimer aus der Küche, füllte das Mörtelpulver hinein und gab ausreichend Wasser dazu, um einen glatten Teig anzurühren, den er erst einmal stehen ließ. Danach schmierte Pokoroff den restlichen Fliesenkleber dort an die Wand, wo er eben erst die Leiste entfernt hatte, und befestigte die letzte Reihe Fliesen. Jetzt war der Mörtel fertig, aber Pokoroff stand unschlüssig da, bis er Schritte auf dem Treppenabsatz hörte. Pokoroff lauschte, wagte kaum zu atmen. Der Schlüssel wurde ins Schloss geschoben, aber erst das Rütteln am Türgriff vermochte ihn aus seiner Lethargie zu reißen. Pokoroff verriegelte die Badezimmertür. Hastig und mit bloßen Händen schmierte er Mörtel in die Zwischenräume, eines nach dem anderen verschwanden die kleinen weißen Kreuze unter der grauen Masse. Der laute Ruf der Hausherrin war zu hören: »Batuschka, ich bin wieder da. Ich koche Tee. Möchten Sie eine Tasse?« Nachdem die Füllmasse verteilt war, nahm er den nassen Schwamm zur Hand, um den grauen Brei, der alles vollgespritzt hatte, Fliesen, Badewanne, Kleider, alles, wieder von den Wänden zu wischen. Sein Verstand war ihm nun ganz zu Diensten. Ohne auf sein Spiegelbild zu blicken, wusch er sich die Hände. Pokoroff musste feststellen, dass das Waschbecken zerbrochen war; in Strömen lief das Wasser durch den Sprung auf den Fußboden. »Noch nicht reinkommen«, rief er laut, »ich habe eine Überraschung für Sie.« Er hob das Beil vom Boden auf, zog mit einem Ruck das Bettlaken an seinen vier Ecken aus der Wanne und verknotete es zu einem Sack, den er sich über die Schulter warf.

Mit dem Ruf »Die Augen zulassen ...« stürmte Pokoroff zur Hintertür aus der Wohnung heraus. Gebückt unter der Last verschwand er hinter dem blutroten Lappen, der auf der Wäscheleine hing, stolperte die Stufen hinunter in den Garten und schleuderte das Laken samt Inhalt über einen Zaun, hinter dem es krachend im Nachbarhof landete. Dann kletterte er auf die Gartenmauer und sprang hinunter auf die Straße.

Er landete ungeschickt. Ein stechender Schmerz schoss ihm in die Hüfte, aber zum Rasten blieb keine Zeit. Er humpelte weiter, bemüht, sich möglichst unauffällig unter den nachmittäglichen Passanten zu bewegen, aus dem Viertel wegzukommen, bevor die Witwe Alarm schlug. Er schämte sich nicht mehr der von gewöhnlicher Arbeit beschmutzten Kleider, fühlte im Gegenteil einen glühenden Stolz, den Stolz desjenigen, der sein Leben mit dem Schweiß auf der Stirn und der Kraft seiner Gliedmaßen verdiente, dessen Wunden Ehrenzeichen der Schlacht sind. Der physischen Erschöpfung nahe, sah er der Verheißung erfrischenden Schlafes entgegen, des Friedens, der dem zusteht, dessen Arbeit dem Wohle aller dient, dessen Anstrengungen Würde und Erlösung zeitigen.

Plötzlich sah er sich Schmähungen ausgesetzt, ein Betrunkener stand schwankend auf der Treppe des Schankhauses, lenkte die Aufmerksamkeit der Passanten mit lauten Rufen auf sich: »Seht ihn euch an, den Polkatänzer!« Er parodierte den ungelenken Hinkeschritt des verletzten Pokoroff, der schneller zu gehen versuchte, um dem beschwipsten Clown zu entkommen, aber der Schmerz in seiner Hüfte wurde heftiger. Pokoroff drehte sich um, stellte sich seinem Ankläger entgegen. »Was ficht dich an, mich zu schmähen? Ich bin ein Handwerker. Du tätest gut daran, zur Kenntnis zu nehmen, dass ich heute mit meiner Hände Arbeit ein Badezimmer gefliest habe!« Eine belebte öffentliche Straße war nicht der Ort, die Dinge ins rechte Licht zu rücken, also musste Pokoroff weiterhumpeln, begleitet von den Clownereien des Betrunkenen, und während er sich abmühte, den Trunkenbold hinter sich zu lassen, spürte er die Zahnprothese der alten Frau, die sich ihm mit jedem Schritt ein bisschen fester in seinen Oberschenkel grub.

Ein Wandbrett anbringen

mit Julius Cäsar

Benötigtes Werkzeug:

Bohrer

Schraubenzieher

Wasserwaage

Benötigtes Material:

Holz für ein Wandbrett

Klammern

Schrauben

Dübel

Das Anwesen umfasste drei Bereiche, das Obergeschoss, dominiert von den Adolescenti, das Erdgeschoss, kontrolliert von Cäsars Frau, und das Gebiet drum herum, in dem ganz allein Cäsar das Sagen hatte.

Seine Maßnahme, den Regenten der anderen Bereiche weitgehende Autonomie zu gewähren, hätte eigentlich dem Frieden dienen sollen, aber in jüngster Zeit bedrängte seine Frau ihn mit Gesuchen, beklagte die zu engen Grenzen ihres Hoheitsgebiets. Das Erdgeschoss war unterteilt in Salon, Esszimmer, Arbeitszimmer und Küche, und es war der Bereich der Küche, für den Cäsars Frau einen Bedarf an Abstellplatz und Arbeitsfläche geltend machte. Man setzte Cäsar darüber in Kenntnis, dass ein großer Teil des Arbeitsplatzes von Gewürzen, Küchengeräten und Kochbüchern eingenommen wurde, und er überzeugte sich davon, dass es eines neuen Regals bedurfte, um einer gewissen Überfüllung sinnvoll entgegenzuwirken.

Cäsars Frau war beinahe täglich in Grenzstreitigkeiten mit den Adolescenti verwickelt; entweder musste sie sie aus ihrem Bereich fernhalten, oder sie fiel in ihre Siedlungen im Obergeschoss ein, um ihnen Gebräuche und Regeln beizubringen. Die Adolescenti sind berüchtigt für feindseliges Verhalten und Grausamkeiten selbst ihresgleichen gegenüber; ihr Territorium im Obergeschoss bestand aus zwei, allen Außenstehenden buchstäblich verschlossenen Räumen, aber in jüngster Zeit war auch das Badezimmer, auf dem Papier als neutrale Zone gekennzeichnet und jederman zugänglich, in ihre Gewalt geraten.

Als Stamm sind die Adolescenti von nahezu allen Arbeiten befreit und müssen keine Steuern zahlen wie gewöhnliche Bürger. Sie betrachten es als eine Sache der Ehre, das Land um sie herum möglichst nach besten Kräften und so gründlich wie möglich zu verwüsten und unbewohnbar zu machen. Die Götter, die sie anbeten, wechseln sie beinahe täglich und schmücken ihr Domizil und ihre Garderobe mit dem Konterfei des gerade bevorzugten Gottes. Außerdem verehren sie die griechische Göttin Nike und den alten nordischen Gott Nokia in ihren alle naselang wechselnden Erscheinungsformen. Ihre Zeit bemessen sie nicht in Tagen, sondern Nächten, und ihrer Überzeugung, dass der Tag in der Nacht beginnt, verleihen sie durch ihre Gewohnheit Nachdruck, den größten Teil des Tageslichts zu verschlafen. In ihren

Kreisen gilt es als unschicklich, sich mit den Eltern zusammen zu zeigen, und je eher einer von ihnen seine Keuschheit ablegt, desto höher sein Prestige unter seinen Gefährten.

Cäsars Frau pflegt gänzlich andere Gebräuche. Als Götter erkennt sie nur die Dinge an, die sie vor sich sieht und deren Nutzen für sie außer Frage steht, Dinge wie die Sonne, Schmuck, Stoffe, Sklaven; die anderen Götter kennt sie nicht einmal vom Hörensagen. Auch wenn sie gerne von den vielen Opfern spricht, die sie bringen muss, sind sie und ihr Stamm dem Brauch des Opferns nicht sonderlich zugetan. Mit ihresgleichen pflegt sie eine glühende Konkurrenz; sie veranstalten beinahe wöchentlich Raubzüge durch die Kaufläden, auf der Suche nach Plunder, den sie dann nicht selten den Adolescenti als Tribut darreicht. Cäsar und dem Schatzamt sind diese Raubzüge ein ständiger Dorn im Auge.

Aus diesem Grund erkannte Cäsar, dass eine schnelle Reaktion auf ihre Beschwerden angesagt war, und gab unverzüglich den Befehl zur Beschaffung der für die Kampagne nötigen Materialien. Cäsar ließ Bauholz für ein zwei Meter langes, zwanzig Zentimeter tiefes Regalbrett konfiszieren, Brettstärke zweieinhalb Zentimeter, dazu drei Träger, die in gleichmäßigen Abständen zu montieren waren, Schrauben und Dübel. Er ließ auch Werkzeug beschaffen – einen Bohrer nebst acht Millimeter starkem Aufsatz für Mauerwerk, einen Schraubenzieher und eine Wasserwaage.

Cäsar beschloss, das Regalbrett direkt oberhalb der Arbeitsfläche und in Reichweite seiner Frau zu montieren. Über der Arbeitsplatte war ein Lichtschalter angebracht. Man hatte Cäsar darüber informiert, dass ausgehend von diesem Schalter eine unter Putz gelegte Leitung vertikal nach oben verlief. Cäsar plante die Position des Regalbretts so, dass er keinen der Träger entlang dieser Achse legen musste.

Noch bevor das Konzept in die Tat umgesetzt werden konnte, sprach eine Abordnung der Adolescenti vor und führte Beschwerde gegen das abendliche Ausgehverbot in dem Bezirk, welches sie daran hindere, ihren Göttern angemessen zu huldigen, was zwangsläufig zu einem Gesichtsverlust gegenüber den anderen Mitgliedern des Stammes führe. Außerdem sei eine Versammlung ihres Volkes anberaumt, und wenn sie daran nicht teilnehmen konnten, würde ihrem Ansehen zusätzlich unabsehbarer Schaden zugefügt.

Als Cäsar sie an ihre Verantwortung gegenüber ihrer Mutter erinnerte, die ihre Protektion erweitert habe, und sie, indem er sie Kinder nannte, daran erinnerte, dass sie kürzlich die Hausordnung verletzt und verbotene Substanzen in Cäsars ureigenstes Domizil geschmuggelt hatten, warfen sie sich ihm mit Tränen in den Augen zu Füßen. Cäsar erinnerte sie an die außerordentlichen Privilegien, die sie ihm und seiner Gemahlin verdankten. Cäsar versprach der Abordnung, das Ausgehverbot zu überdenken, allerdings unter der Bedingung, dass sich einer von ihnen als Geisel zur Verfügung stellte und ihm bei der bevorstehenden Kampagne zur Hand ging. Nachdem die Emissäre Cäsars Bedingung vernommen hatten, ließen sie die Köpfe hängen, richteten den Blick starr zum Boden, so groß war ihr Abscheu vor jeglicher Arbeit. Verwundert mahnte Cäsar sie an die Konsequenzen einer Verweigerung des Tributs, und Cäsar behielt die Oberhand.

Und so konnte Cäsar zur Wasserwaage greifen, während die Geisel das Regalbrett hielt, und sie auf die hölzerne Fläche legen, das Brett exakt in der Horizontale ausrichten. Weil er der Geisel nicht zutraute, das Stück Holz über einen längeren Zeitraum in dieser Position zu halten, zog Cäsar mit dem Bleistift einen Strich entlang der Unterkante des Brettes. Dann nahm er den ersten Träger und setzte ihn an das eine Ende des Striches, darauf achtend, ihn im rechten Winkel und auf Höhe der Unterkante des Regalbretts anzubringen. Dann markierte Cäsar die drei Löcher des Trägers an der Wand und nahm den Bohrer zur Hand. Er bohrte das erste Loch und steckte einen Dübel hinein. Als der Dübel so tief in das Loch rutschte, dass die Schraube ihn nicht mehr erreichte, umwickelte er den Bohrer so weit mit Klebeband, dass an der Spitze eine Dübellänge ausgespart blieb. So konnte Cäsar die nächsten beiden Löcher genau passgerecht bohren und den ersten Träger an seinen Platz schrauben.

Als die Geisel Cäsar so konzentriert bei der Arbeit sah, trat sie aus dem Glied und machte sich vom Acker. Merke, dass allen

Menschen eine natürliche Freiheitsliebe eigen ist, und sie die Knechtschaft hassen; die Adolescenti sind darüber hinaus noch stolz auf ihren Müßiggang und geraten in Zorn, wenn man sie aus ihren Behausungen ans Tageslicht zerrt. Cäsar war von seiner Arbeit an der Ostwand so in Anspruch genommen, dass er keine zweite Front eröffnen und die Rebellion auf der Stelle niederschlagen konnte. Cäsar beschloss, die Geisel nicht an der Flucht zu hindern, die Rebellion aber keinesfalls ungestraft zu lassen, damit die Adolescenti ihn nicht auch noch für seine Schwäche verachteten.

Bei den Bohrarbeiten für den zweiten Träger stellte sich heraus, dass die Wand in diesem Bereich aus Gipsplatten und nicht aus Backstein bestand. Nachdem er bei dieser Aktion den ersten Dübel, in den Hohlraum hinter der Wand gefallen, verloren hatte, musste Cäsar die Vergeblichkeit seiner Anstrengungen einsehen. Jetzt erwies sich ein von Cäsar konfisziertes Utensil als nützlich, ein speziell für Gipsplatten konstruierter, kegelförmiger Dübel, der sich in der Gipsplatte festkrallte, wenn man eine Schaube in ihn hineintrieb. Mit dieser Hilfe wurde die Arbeit zu einer gewöhnlichen Aufgabe, der Cäsar sich souverän gewachsen sah. Als die Träger befestigt waren, legte Cäsar das Brett an seinen Platz. Eine Stunde nach Abholung des Bauholzes war die Arbeit getan. Nach Abschluss der Kommandoaktion Regalbrett erschien seine Frau, um ihm zu gratulieren und ihm Frieden und Freundschaft anzutragen, und beides akzeptierte Cäsar dankbar. Nachdem Cäsar sein Werkzeug verstaut hatte, machte er sich auf den Marsch zur Festung der Adolescenti, wo er noch eine erbitterte Auseinandersetzung erwartete. Das Tempo seines Vormarsches löste bei ihnen jedoch eine solche Panik aus, dass Cäsar, angespornt durch die Erinnerung an ihren jüngsten Verrat, ihr Lager im Handstreich nahm und sich in Demonstration seiner Macht ihres Gottes iPod bemächtigte.

Cäsar hatte alle Ziele erreicht, für die er sich ins Zeug gelegt hatte, er hatte die Gemahlin beeindruckt, die Adolescenti gemaßregelt, dem Platzmangel in der Küche entgegengewirkt. In diesem kurzen Zeitraum, fand Cäsar, hatte er alles getan, was Ehre und Anspruch erforderten.

Einen tropfenden Wasserhahn reparieren

mit Marguerite Duras

Benötigtes Werkzeug:
Schraubenschlüssel

Benötigtes Material:
Dichtungsringe

Der Mann geht zum zweiten Mal am Haus vorbei und bleibt stehen. Er drückt auf den Klingelknopf. Die Tür steht offen, er tritt ein. Das Innere ist hell, die Einrichtung weiß. Die Stimme einer Frau:

»Da sind Sie ja.«

Sie steht da. Sie schaut. Sie schaut auf ein Becken, einen Wasserhahn. Er geht auf sie zu. Sie sieht ihn kommen. Seine Kleider sind dunkel. Seine Augen hell. Sie lächelt. Er macht noch einen Schritt, bleibt vor ihr stehen. Mit mechanischer Geste deutet sie auf den Wasserhahn. Aus dem Wasserhahn fallen Tropfen in das Becken. Sie schauen den Wasserhahn an.

Das Licht wird schwächer.

Mann, Frau, Hahn. Er bewegt sich, dreht den Wasserhahn auf. Das Wassergeräusch schwillt an, das fallende Wasser tost, zerspringt weiß im Becken, verschwindet in der Tiefe, um sich anderen, sich zu gewaltigen Wassermassen vereinigenden Nebenflüssen und Kanälen anzuschließen, mit ihnen ins Meer zu fließen. In die Gewölbe des Meeres. Er dreht den Wasserhahn zu. Das Geräusch klingt ab. Stille. Stille, die vom Tropfen des Wasserhahns unterbrochen wird.

»Ich vermute, die Dichtung ist hin.«

Spricht sie. Ihr Tonfall verlangt nach keiner Antwort.

»Die Dichtung ist hin.«

Antwortet er.

Einer nach dem anderen fallen die Tropfen. Tropfen, die gar nicht daran denken, in der Dunkelheit der Wasserleitung auf die Erlaubnis zum Fallen zu warten.

»Er dreht ihn immer zu fest zu«, sagt sie. »Er mag es nicht, wenn der Wasserhahn tropft.«

Der Mann bückt sich, dreht dem Wasser den Nachschub ab. Er richtet sich auf, dreht den Wasserhahn ganz auf. Das Wassergeräusch kehrt kurz zurück. Dann kommt kein Wasser mehr. Kein Tropfen mehr. Stille. Draußen, vor der Veranda, fällt Dunkelheit auf die Stadt herab. Das Licht läuft aus dem Himmel ab, es läuft

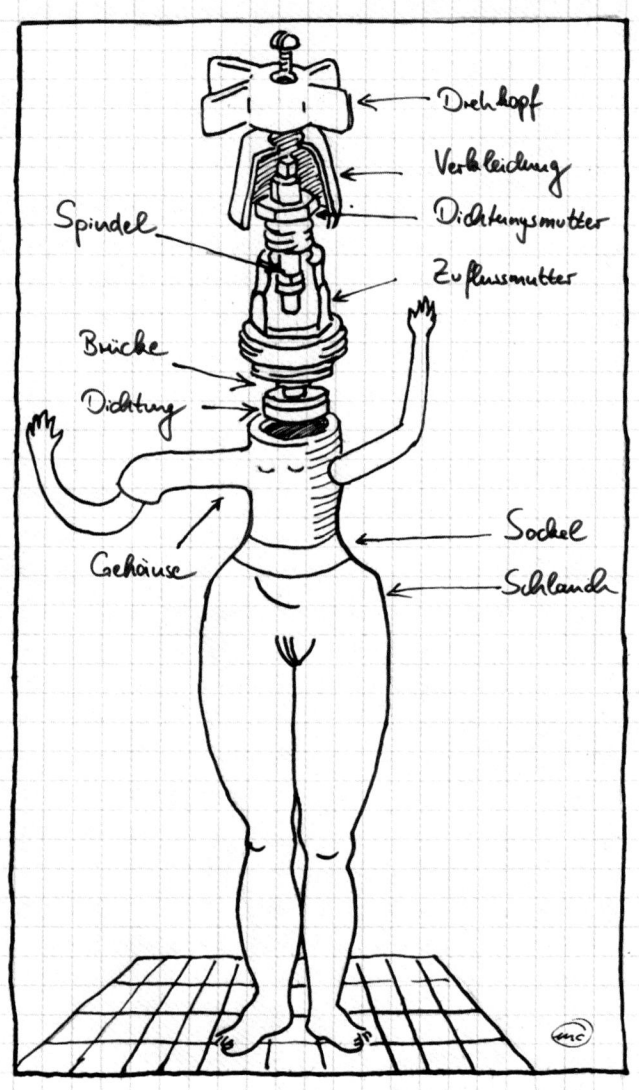

nach Westen ab. Jetzt, in der Stille, reicht das Geräusch des Meeres bis in die Küche. Das Meer, ungeformt, ungezähmt, unangezapft, unvergleichlich. Es ertönt ein Schrei, als wäre eine Frau gestürzt.

»Was war das?«, fragt er.
»Was?« Sie hebt das Gesicht leicht an. Er sieht sie nicht an.
»Der Schrei.«
»Nichts. Das sind die Möwen.«

Die Geschichte beginnt.

Zwischen dem Mann und dem Fenster geht die Frau; die Hand erhoben wie ein Kind, bedeckt sie ihre Augen. Die Bodenbretter knarren unter ihren Füßen. Vor ihm der Wasserhahn. Seine Hand liegt auf dem glänzenden Material. Er sieht den Drehkopf, die Verkleidung unterhalb des Drehkopfs überdeckt die Dichtungsmutter, die Spindel, die Zuflussmutter, die Brücke. Unterhalb der Brücke, unsichtbar, der gepresste Dichtungsring, zerdrückt, verformt, zerstört.

Indem der Mann die Verkleidung abschraubt, bringt er eine große Sechskantmutter direkt über dem Hahnkörper zum Vorschein. Mit einem Schraubenschlüssel löst er die Mutter, nimmt den Drehkopf des Wasserhahns ab. Er löst den Fließmechanismus heraus, hält ihn ihr hin, wartet. Das Licht tanzt in seinen Augen.

»Die Dichtung ist hin.«

Sie schauen, schauen einander an, sie warten.

Er wiederholt:

»Die Dichtung ist hin. Hier. Sehen Sie? Hier.«

Er zeigt ihr die Dichtung, zerstört, der Zahn der Zeit, die Bildung von Kalkstein, die Ermüdung durch den ständigen Druck des Hahns, der sich gegen den Fluss, die Flut stemmen muss. Die gnadenlose Konzentration der Kräfte.

Sie versteht, sagt sie. Sie kämpft mit den Tränen.

Mit einem Schraubenzieher hebelt er die alte Dichtung ab, spröde, rissig, vor der Zeit gealtert. Er nimmt eine neue aus seiner Werkzeugtasche. Die neue Dichtung liegt keck auf seiner Hand, glatt, straff, fett wie der Rahm auf der Milch. Sie schließt sich fest um den kleinen Nippel auf der Spindel unterhalb des Drehkopfs. Er schiebt den Mechanismus wieder in den Hahn, zieht die Schraube kräftig an, lässt die Verkleidung herunter, die glänzende Manschette, die den Mechanismus des Hahns unter einem Helm aus schimmerndem Metall versteckt, dann bückt er sich, um den Haupthahn wieder aufzudrehen. Das letzte Licht läuft aus dem Himmel ab, in der Dunkelheit hören sie, wie der Druck unterhalb der Dichtung steigt, das Wasser zurück ins

Rohr presst. Er richtet sich auf, öffnet den Wasserhahn, schließt den Wasserhahn. Sie schauen hin. Sie warten. Kein Tropfen. Nichts fließt mehr. Alles ist unterbrochen, alles wird zurückgehalten.

Er legt den Schraubenzieher zurück in die Werkzeugtasche. Er schaut sie an.

»Sie weinen ja.«
»Ich weine?«

Schweigen.

Sie steht neben ihm, aber ihr Blick ist in die Ferne gerichtet, auf die letzten glühenden Wolken, die eine nach der anderen über den Horizont gleiten.

Verlegen eines Fußbodens im Dachstuhl

mit Edgar Allan Poe

Benötigtes Werkzeug:
Klauenhammer
Spaltsäge

Benötigtes Material:
Laminierte Spanplatten
Nägel
Holzleim

Der lange und unheimliche Katalog menschlichen Unglücks folgt seiner eigenen dunklen Hierarchie. Berichte über Flut- und Hungerkatastrophen, Seuchen, Pestilenzen, Erdbeben und Eruptionen schlagen uns zu Recht in ihren Bann, fordern die Wachsamkeit unserer erhabensten Zeitschriften, das Mitgefühl unserer Regierungen, die Selbstlosigkeit unserer wohltätigen Organisationen. Aber kann das Unglück des Einzelnen, der sein Schicksal mit Freunden und Nachbarn, Mitbürgern und Landsleuten teilen darf, unter dem unabwendbaren, unvorhersehbaren Zorn der Autorität, die er zu verehren beliebt, mit dem wahren Elend und elementaren Leid desjenigen verglichen werden, den die Gewissheit quält, dass er allein und niemand anderer die Saat seiner eigenen Vernichtung gesät hat? Der brave Ehemann, der seine Gattin mit einer neuen elektrischen Lichtinstallation überraschen wollte und bei ihrer Rückkehr in schwelender Verrenkung liegt, galt seine tödliche Liebkosung doch dem blanken Ende eines stromführenden Kabels. Der Freizeitbaumzüchter, der von der Leiter fällt und die geborgte Motorsäge dabei so fest umklammert, dass sie sich – nicht minder unbarmherzig als das Instrument des Sensenmanns – die Seele seiner Gemahlin holt, die unter seinem Baum welke Rosenblüten auszupfte. Diese Praktikusse sind wahrlich an den Ufern der Ultima Thule der Tortur gewandelt.

Im Laufe der Jahre hatte ich eine umfangreiche Sammlung von Texten zusammengetragen, die von solchen oder ähnlichen Ereignissen handelten. Bücher, Tagebücher, Zeitungsausschnitte, Versicherungsberichte und mehr, alles im Lauf meiner Tätigkeit zusammengetragen, gestapelt in und vor meinem Arbeitszimmer, bis kaum noch Platz war, die wenigen Besucher zu empfangen, die sich noch herabließen, mir ihre Aufwartung zu machen. Schließlich gab mir einer dieser seltenen Gäste, mein Freund und Arzt Doktor Garrett, den Rat, mir einen separaten Lagerraum für meine Sammlung einzurichten und den Wohnbereich, den sie vollständig zu verschlingen drohte, auf diese Weise zu entlasten. Und so fand ich mich dann in diesem kathedralen, von Düsternis wie Erhabenheit charakterisierten Bereich wieder, der den unerforschten Gipfel des alten und heruntergekommenen Gemäuers bildete, in dem ich mich häuslich eingerichtet hatte. Meine Absicht war es, hier einen Fußboden zu verlegen. Zu diesem Behufe hatte ich Vermessungen vorgenommen und die Lieferung eines Postens Nut- und Federbretter aus laminiertem Pressspan veranlasst. Beginnend in der am weitesten von der dürftigen, meine Arbeit nur spärlich beleuchtenden Lichtquelle entfernten Ecke, begann ich mit dem Verlegen der Platten. Diese dunklen Schrägen, ungeschaut seit dem Tag, an dem das Leichentuch aus Schiefer sie in ewige Nacht hüllte, wehrten sich gegen mein Eindringen wie das zugänglichste Dickicht. Wie durch einen Wald aus Streben und Stützen, Firsten und Pfetten stolperte ich über Balken wie Baumwurzeln, erschauerte mit jeder Faser meines Körpers vor der Feindseligkeit dieser hölzernen Fußbrecher.

Die ersten Bretter verlegte ich im rechten Winkel zum Hauptbalken. Ich schlug Nägel von zwei Zoll Länge durch den schweren Pressspan in die Holmen und Querbalken, Streben und Sparren, die das tragende Gerüst bildeten. Wegen der eingeschränkten Beweglichkeit meiner Glieder in dieser räumlichen Enge ging der erste Hammerschlag fehl und der Nagel in die Knie, und da das Werkzeug, das ihn versenken sollte, einer Klaue entbehrte, ließ er sich nicht wieder aus dem Brett ziehen, das ihn mit eisernem Griff festhielt, also hämmerte ich so lange auf seine deformierte Gestalt ein, bis er begradigt und der Länge nach in der laminierten Spanplatte steckte und fast nichts mehr von ihm zu sehen war.

Und so fuhr ich fort, staffelte die Bretter wie Mauersteine, allein von dem Wunsch beseelt, den Doktor mit der Perfektion meiner Arbeit zu beeindrucken. Ich strich jede Nut gründlich mit Holzleim ein, verwendete einen Holzblock als Puffer zwischen Hammer und Brett, um bloß keiner Feder einen Schaden zuzufügen, schlug ein Brett so fest an das andere, dass der Leim aus der Verbindung sickerte und quoll wie Blut aus einer Wunde. Mit einem nassen Lappen wischte ich den Überschuss vom Holz, ehe er trocknen und schuppig werden konnte.

Ein ums andere Mal schwang der Hammer, getrieben von meiner Bewegung, zog unermüdlich seine Bögen, schlug mal auf Stahl, mal auf das Laminat, trieb zitternde Stahlstifte tief in das Holz der Balken. Mit der Zeit stellte ich fest, dass ich den Nagelkopf mit fünf bis sechs dieser Schwingungen oder Schläge auf eine Höhe mit der Brettoberfläche bringen konnte, und kraft meiner Arbeit gewannen die Bretter langsam Oberhand über das hölzerne Balkenwerk, fraßen sich voran wie Fangzähne, die einer nach dem anderen den tödlichen Zugriff auf ihre Beute vollenden.

Wie viele Stunden ich auf allen Vieren auf diesem niedrigen Balkenwerk herumkroch, vermag ich nicht zu sagen. Manchmal drohte ein Luftzug oder ein Geist das flackernde Licht zu löschen; in solchen Augenblicken fürchtete ich, blind ins Leere zu treten, durch den fragilen Deckenputz, der um mich herum lauerte wie eine Fallgrube, in ein wer weiß wie schweres Schicksal, wer weiß was für zusätzliche Mühsal hinabzustürzen.

In anderen Augenblicken, wenn ich in meiner Arbeit innehielt, noch das Echo der letzten Schläge durch diese dunkle Krypta hallen hörte, bildete ich mir Geräusche oder Gegenwarten hinter mir im Schatten ein. Manchmal blieb ich völlig still, lauschte in die Finsternis, ohne etwas zu sehen, doch das hämische Echo blieb mein Begleiter, sein metallisch klirrender Nachhall, gedämpft, als käme er von sehr weit her, aber untrüglich, wenn er den Kontrapunkt schlug, den ich bis in die Nackenhaare spürte.

Der Tag schleppte sich dahin, und mit jeder Stunde weitete die mit Brettern belegte Fläche um mich herum sich aus wie eine auflaufende Flut. Bald konnte ich mich auf den frisch verlegten Arealen unbehindert bewegen. Meine Hände und Knie jauchzten ob der neu gewonnenen Freiheit, und ich fühlte das Blut zurück in meine müden Glieder laufen. Ich hatte jedes Zeitgefühl verloren, aber als die Luft kühler wurde, wusste ich, dass sich draußen die Nacht über die brachen, mit wildem Riedgras bewachsenen Felder gelegt hatte, von denen mein einsames altes Haus umgeben war. Jetzt begeisterte mich der Gedanke an den vielen freien Platz, den ich diesem Dachstuhl abgerungen hatte, und in dem ich meine Sammlung unterbringen konnte. Ich schätzte, dass jedes Brett breit und lang genug war, das Material eines Jahrgangs aufzunehmen, und bald wäre genügend Platz geschaffen, um die Archive eines ganzen Menschenlebens zu verstauen, den Katalog des Todes und des Wahnsinns, aufbewahrt als Mahnung für meine Archivarskollegen.

Irgendwann lastete der Geruch nach Leim und behandeltem Holz so drückend in der Luft, dass mir das Atmen schwer fiel, aber ich arbeitete weiter, mit schmerzenden Gliedern, die Handflächen und Finger wund vom stundenlangen Umgang mit den Spanplatten, deren raue Kanten so wenig gemein hatten mit den glatten Karteikarten und Dokumenten, die zu den Verantwortlichkeiten meines Berufslebens gehörten. Ich ging auch hier mit derselben Sorgfalt vor, mit derselben obsessiven Energie, die so charakteristisch für meine Forschungsarbeit war – ich beschloss, nicht einen Quadratzentimeter dieser geräumigen, luftigen Kammer ungenutzt zu lassen. Meine müden Augen dagegen mussten sich immer mehr anstrengen, in die hintersten Ecken der Kammer zu reichen, die entlegenen Winkel, in denen sich die letzten Puzzlestücke nur unter größter Anstrengung platzieren ließen. Als meine Arbeit sich ihrem teuflischen Ende näherte, zog ich die Laterne dicht an den Bereich heran, in dem die letzten Spanplatten zu verlegen waren. Ihr schweflig-gelber Schein warf lange Schatten auf die verwinkelten Flächen um mich herum, ich sah den schwarzen Schatten des Hammers in meiner erhobenen Faust, und sei es aus Erschöpfung oder wegen eines unerwarteten Flackerns der Lampe, schien mir der Schatten vor seinem Urheber herabfallen zu wollen.

In meiner Eile, mit ihm Schritt zu halten, verpasste mein Schlag sein Ziel, und ein schreiender Schmerz ließ mich zusammenzucken. Als ich nach der getroffenen Extremität fassen wollte, stieß ich mit der unfreiwilligen Bewegung die Laterne um, verschüttete Brennstoff und Feuer über dem frisch verlegten, durch die gasigen Dämpfe des Klebers noch leichter entflammbaren Boden. Die Flammen fassten zu, in Sekunden wäre ich von ihnen eingeschlossen gewesen, hätte ich auch nur einen Augenblick gezögert, den entstehenden Brand mit meinen Händen und meinem Körper zu ersticken. Der Gestank nach versengter Haut füllte mir die Nasenlöcher, aber meine rasche Reaktion hatte das Feuer gelöscht. Ich ließ mich auf den Rücken rollen, meine Augen mühten sich vergeblich, die pechschwarze Finsternis zu durchdringen; meine verletzten Hände schützend, krabbelte ich auf das Luk zu, das nach unten in die Behaglichkeit meiner Wohnräume führte. Kein noch so schwaches Glimmen hellte die Tiefe dieser urzeitlichen Finsternis auf, und meine mit Blasen übersäten Hände mussten sich einen Weg über den neu verlegten Boden ertasten, fuhren an jeder Naht und Verbindung entlang, in Richtung auf die Mitte des kuppelförmigen Gewölbes. Die giftigen Dämpfe, die von dem trocknenden Leim aufstiegen, lagen wie ein Nebel auf meinem blinden Weg, und der Alpdruck der Angst legte sich mir auf die Seele. Als ich meinen Weg fortsetzte, mit den Fingern die Dunkelheit sondierend wie ein großes Insekt mit langen Fühlern, beschleunigte sich das Grauen, bis sich meiner Lunge ein langes, tiefes Stöhnen entrang. Für euch, meine Leser, dürfte es fast unmöglich sein, euch eine Vorstellung von dem Entsetzen zu machen, das von mir Besitz ergriffen hatte. Ein ums andere Mal streckte ich meinen Arm aus, in der verzweifelten Hoffnung, endlich die Leere unter mir zu fühlen, das offene Luk, das mich aus dieser infernalischen Kammer befreite; inzwischen wäre es mir eine Freude gewesen, kopfüber in die Freiheit, von mir aus in Verletzung oder Tod zu stürzen. Aber mit jedem blinden Tasten stieß ich nur auf den Widerstand vollendet eingepassten, miteinander verleimten Nut- und Federlaminats, perfekt verlegt durch meiner eigenen Hände Arbeit.

Lange Tage sind vergangen, seit ich den Boden der ausbruchsicheren Festung verlegt habe, in der ich nun meine letzte Reise mache. Wie eine abgeworfene Fracht liege ich da, das Bein in unnatürlicher Stellung abgespreizt, gebrochen beim Sturz vom Firstbalken. Ich liege in Dunkelheit, zweifach erblindet; meine Finger, gefühllos, aufgerissen, blutig vom stundenlangen Kratzen und Scharren an Nut und Nagel, meine Augen nutzlos in der Finsternis. Die Kraft meines Körpers, dem lange schon entflogenen Cherub Hoffnung nachgefolgt, hat mich verlassen. Mit den Nerven bin ich am Ende.

Ich bin aus dem Schlaf, nein!, aus einer Betäubung, einem Delirium erwacht. Ein verirrter Lichtstrahl fällt auf meine abgehärmten Züge. Ha, ha, durch den von seiner Schindel befreiten Spalt, kurz vor meinem Sturz geöffnet, sehe ich sein Auge auf mich herunterspähen. Ich höre seine schwarzen Schwingen

schlagen, das Scharren seiner klauenartigen Krallen. Meine Lippen, ausgedörrt und bitter vom Saugen am feuchten, leimgetränkten Tuch, mühen sich beim Formen vergeblicher Worte.

Das hasserfüllte Auge betrachtet mich nun beinahe unablässig. Ich sehe ihn. Und ich höre seine garstige Sippschaft, die sich auf dem Dach versammelt. Eine schlechte Angewohnheit von Raben, zu warten, zu warten, um mich einzusammeln, Stück für Stück. Ich kann nicht mehr schreiben. Lieber Doktor, bitte tragen Sie Sorge, dass dieser Bericht seinen Weg in mein Archiv findet. Bevor Sie den ganzen Schamott anzünden.

Das große rote Stachelschwein gefangen in der Schlangengrube Drogengärtnerguerilla ODER Das Aufstellen eines Gartenzauns

mit Hunter S. Thompson

Benötigtes Werkzeug:

Spaten oder Pfostenbohrer

Wasserwaage

Hammer

Säge

Benötigtes Material:

Zaunpfähle

Längsholme

Federlatten

Pfostenmix oder Sandzement und Kieselsteine

Nägel

Winkelträger

Wenn ihr mich fragt, ist das Corvette Cabriolet das einzige Fahrzeug, mit dem sich ein drei Meter langer Holzbalken einigermaßen stilvoll transportieren lässt, aber wenn es bei annähernd

zweihundert Sachen einen Powerslide mit Handbremse auf den
Asphalt legt, werden seine Grenzen als geeignetes Transportmittel von Bauholz relativ schnell deutlich. Als wir wieder vor dem
Haus hielten, sah das Cabriolet aus wie nach einem Frontalzusammenstoß mit Onkel Toms Hütte. Ich drehte Dylans »Subter-
ranean Homesick Blues« leiser, und während ich mich aus dem
Holzstoß herausarbeitete, hörte ich aus der Tiefe des Nutzholz-
walds, der neben mir auf dem Beifahrersitz gewachsen war, die
Stimme meines Anwalts: »Mann, so reist sich's aber richtig.«
Was noch übrig war von zehn drei Meter langen Längsholmen,
fünf drei Meter langen Bodenbrettern, achtzig einen Meter fünfzig langen Federlatten und sechs zwei Meter fünfzig langen,
zehn mal zehn Zoll starken Vierkantpfosten, die wir so ordent-
lich auf den Notsitz geschichtet hatten, stapelte sich jetzt vor der
Windschutzscheibe. Sechs Sack Pfostenmix (eine tödliche Verbindung aus fertig gemischtem Schotter, Sand und Zement),
zwanzig Klammern und drei Kilo Nägel im Kofferraum ließen
die Nase des Schlittens so in die Höhe ragen, dass er aussah wie
ein riesiges rotes Stachelschwein bei dem Versuch, auf den Gehsteig zu klettern. Ich musste meinen Anwalt bei Laune halten,
während ich seine Überlebenschancen taxierte. »Gottallmächti-
ger, gibt es was Schöneres als frischen Holzgeruch am frühen
Morgen?«, fragte ich ihn. »Kannst du deine Beine bewegen?«

»Scheiße, nein. Ich bin gelähmt, ruf einen Arzt, aber einen
richtigen. Die verfluchten Arschgesichter aus dem Pentagon

scheinen auf dem Gelände von Bob's Zaun- und Gartenparadies 'ne neue Sorte Napalm getestet zu haben. Ich kann mein Bein nicht abwinkeln.« Tatsächlich war das Bein des Samoaners stocksteif, als ich es auf den Beifahrersitz hievte. Oberhalb des Knies stand etwas hervor, und ich fürchtete schon, er könnte bei der Notbremsung einen offenen Bruch abbekommen haben. Obwohl es seinem derzeitigen Zustand fast ausgeschlossen war, musste ich als Arzt die Frage stellen: »Hast du Schmerzen?«

»Ich fühle nicht den leisesten Furz.«

»Das ist gut.« Man musste ihm Mut machen. »Dann hat der Knochen den Nerv sauber durchtrennt.« Der Schrei blieb ihm im Hals stecken, als er die Nachbarin aus ihrem Fenster spähen sah. »Was glotzt die alte Kuh so blöd?« Weil er nicht mehr schrie, fühlte ich mich ermutigt, die Verletzung zu untersuchen. »Stillhalten!«, befahl ich, setzte die achtzollige Klinge eines Jagdmessers an sein Hosenbein und schlitzte den Stoff bis zum Knie auf.

»Wie sieht's aus?«, fragte er, den Blick noch auf das Haus gerichtet.

»Du wirst wieder gehen.« Ich packte meinen besten Achthundert-Dollar-Sitzwachen-Habitus aus und extrahierte die einen Meter zwanzig lange Federlatte, die sich irgendwie in das Hosenbein des großen Samoaners geschoben haben musste. »Aber ich fürchte, die Hose wird's nicht schaffen.«

»Das ist mein bester Anzug, verfluchte Scheiße. Wer gibt mir in dem Aufzug noch einen Job? BIST DU JETZT ZUFRIEDEN?«

Die letzte Frage war an das Fenster der Villa mit dem Schindeldach gerichtet. Meine Nachbarn hatte wahrscheinlich längst die Polizei gerufen.

Als er wieder Gefühl in den Beinen hatte, packten wir das Material auf den Rasen. An jedem Ende des geplanten Zauns rammte ich einen Pflock in den Boden und spannte eine Leine dazwischen. Dann markierte ich die Position der Zaunpfosten, wobei ich Baumwurzeln und Landminen aus dem Weg ging. Ich gab meinem Anwalt den Auftrag, mit dem Graben zu beginnen, und wartete, dass das Meskalin zu wirken begann.

Der Samoaner rammte den Spaten in den Boden, hielt inne und warf einen Blick über die Schulter. »Wir werden beobachtet.«

»Das wird die Nachbarin sein«, sagte ich. »Wir sind hier nicht in Manhattan.«

»Als dein Anwalt rate ich dir, sie umzulegen. Sie hat gesehen, wo wir das Zeug einbuddeln, und wer sollte sie daran hindern, es heute Nacht wieder auszubuddeln.«

Der Typ in der Holzhandlung hatte behauptet, so ein Pfosten, zu einem Viertel seiner Länge versenkt, würde jeden Hurrikan überstehen. »Was soll's«, sagte ich, »solange sechs Fuß Pfosten anzeigen, wo die restlichen zwei stecken, können wir eh kein großes Geheimnis draus machen. Grab weiter, sonst erregen wir bloß Verdacht.«

Er hob einen Schuh Größe 47 auf den Spaten, das Bein lugte kokett zum aufgeschlitzten Hosenbein heraus, und das Spatenblatt versank in der Erde. Es gab viel zu tun. Meine erste Aufgabe als Projektleiter war es, die Literflasche Wild Turkey sicherzustellen, die noch auf dem Rücksitz des Autos lag.

Irgendwann nachdem ich den Stopfen von der Flasche gezogen hatte, musste ich das Bewusstsein verloren haben. Als ich zu mir kam, hörte ich das trockene Bumsen des Spatens auf Erde, das Scheppern der Steinchen am stählernen Blatt. Mein Anwalt war noch am Buddeln. Ich schaute in den Garten, aber es war niemand zu sehen.

Heilige Scheiße, dachte ich, die Buddelgeräusche haben sich in die Retina meines Ohrs eingebrannt. Jetzt muss ich sie bis ans Ende meiner Tage hören, wie die Rhythmusgruppe auf... Dann sah ich die Staubwolke aus dem Boden aufsteigen, und das Geräusch verstummte.

»Hilfe. Kann mir verdammt nochmal jemand hier raushelfen?«

Entweder hatte die Wirkung des Meskalins nachgelassen, oder mein Anwalt war auf einen verzwickten juristischen Aspekt gestoßen. Ich stolperte hinaus in den Garten, und als ich vor der Baustelle des ersten Pfostens ankam, fiel mir die leere Flasche aus der Hand. Das Loch war inzwischen gute zwei Meter tief, und tief unten fuchtelte der ruhmreiche Samoaner, immer noch im geschlitzten Businessanzug, mit den Armen herum und tanzte, als hätte er glühende Kohlen unter den Füßen. »Schlangen. Kommen direkt aus der Erde gekrochen. Kaum hat man einer den Kopf abgestochen, kommt schon die nächste. Hol mich hier raus!«

Irgendwie zog ich ihn raus aus dem Loch, und wir lagen Seite an Seite keuchend im Gras. »Keine Sorge«, sagte ich, »wenn der Zaunpfahl jetzt noch lang genug ist, stampfen wir sie damit platt.«

Um den großen Erdarbeiter davon zu überzeugen, dass keine Schlangen aus dem Loch kriechen würden, und weil Entwässerung Not tat, kippte ich den Inhalt eines Eimers mit Schutt, hauptsächlich Ziegelbruch und Kiesel, in die Tiefe und rief: »Guten Appetit, ihr schuppigen Motherfucker!«

Als ich hochschaute, stand der Samoaner über mich gebeugt, nackt bis zur Hüfte, eine Schrotflinte im Anschlag. Er ließ mich direkt ins Innere des Doppellaufs starren. »Du mieser Drecksack, wie lange weißt du schon von den Schlangen? Ich sollte dir deine Scheißrübe wegpusten.« Ich kniete neben einem vertikalen Grab, in dem man einen Mann aufrecht hätte begraben können, bei ökonomischer Packweise sogar zwei, und vor mir stand ein vollgedröhnter Anwalt in geschlitzten Hosen und hielt mir eine Schrotflinte vor den Kopf. Das waren erste Anzeichen, dass die Situation meiner Kontrolle entglitt.

»Du bist gefeuert«, sagte ich.

»Was soll das heißen, gefeuert?«

»Als erfahrenem Arzt ist mir nicht entgangen, dass du deine Medikamente nicht genommen hast. Malade Mitarbeiter kann ich mir bei dem Job nicht leisten.«

»Oh, Jesus«, stöhnte er und legte die Knarre in der Armbeuge ab, »das hab ich ja völlig verschwitzt.« Der Samoaner zog einen mit Kokain gefüllten Salzstreuer aus der Hosentasche und ließ sich eine Line auf den Handrücken rieseln. Nachdem er mit dem Riechkolben einmal daran entlanggerauscht war, schleckte er die Reste mit der Zunge auf, sog Luft durch die Zähne und sagte: »Als dein Anwalt rate ich dir, die Position des nächstens Pfostens zu markieren und beiseitezutreten.«

Der Spaten lag auf der Sohle der Schlangengrube, aber auch der Samoaner wusste, dass die Weigerung aufzugeben im Herzen des amerikanischen Traums wohnt. Mit weit gespreizten Beinen nahm er über der Markierung Aufstellung und feuerte die Schrotflinte aus kurzer Entfernung auf die Grasnarbe ab. Sein Gedankengang war einigermaßen einsichtig – die logische Konsequenz einer solchen Vorgehensweise müsste ein Loch sein. Während ich die beiden blauen Sonnenliegen aufstellte und uns noch zwei Tequilas mixte, feuerte er den zweiten Lauf ab und lud nach. Ich lag da und schaute verträumt in das glitzernde Sonnenlicht, das durch die Zweige blinzelte. Mit schweren Augenlidern hinter der goldgeränderten Sonnenbrille schlürfte ich meinen Sunrise und lauschte der rhythmischen Bassline des samoanischen Erdschützen. Irgendwann zwischen der zwanzigsten und der fünfzigsten Schrotladung begann der Tequila, sich durch die Drogen zu brennen. Zu meinem Glück fehlte mir jetzt nur noch, dass die Bullen an die Tür klopften.

»Sie sind Arzt, sagen Sie? Na, Doktor, dann müssten Sie eigentlich wissen, dass eine Schrotflinte kein geeignetes Gerät für den Bau eines Zauns ist.«

»Tut mir leid, Officer, aber das ist ein dringender Fall. Der Nachbarhund hat auf mein Marihua... äh, meine Dahlien gepisst. Wir haben sein Herrchen so gründlich mit dem Spaten bearbeitet, dass man mit dem Teil keine ordentlichen Löcher mehr graben kann. Vielleicht können Sie uns zur Hand gehen.«

Und was dann passierte, überzeugte mich davon, dass wir irgendwo zwischen der Holzhandlung und dem Haus in eine abartige Version von Twains World gesteuert waren, wie die Yankees aus Connecticut, wahrscheinlich als ich auf dem Gehsteig, auf den ich mich verirrt hatte, mit dem Bleifuß auf dem Gaspedal diesem lebensmüden Typen im Rollstuhl ausweichen musste.

Es klingelte an der Tür, sie wollten mit aller Gewalt herein und gingen einfach nicht. Durch das Seitenfenster im Flur sah ich, dass hinter dem Stachelschwein ein Streifenwagen parkte. »Das sind die Cops«, sagte ich.

Der Samoaner bot mir seine Flinte an. »Als dein Anwalt rate ich dir, dich nicht lebend kassieren zu lassen.« Er war noch etwas neben der Kappe, aber ich brachte ihn immerhin dazu, die Waffe in die Schlangengrube zu werfen und sich den Salzstreuer aus dem linken Nasenloch zu ziehen.

Wenn die Polizei auf Hausbesuch kommt, darfst du sie nicht höflich empfangen – das erregt tief unten im Bauch des Bullen

Misstrauen. Das Mittel der Wahl ist es, sofort die Rolle des indignierten Bürgers zu geben und eine Erklärung zu fordern. »Wo, zum Henker, bleiben Sie so lange, Officer? Ich könnte tot sein, der Kretin hat mindestens sechzig Schuss abgefeuert, bevor wir ihn ins Gebüsch scheuchen konnten. Gut möglich, dass er sich noch im Gewächshaus versteckt.«

Ich öffnete die Tür, um meinen Anklägern entgegenzutreten, zwei Streifenpolizisten hielten mir vier einen Meter zwanzig lange Federlatten unter die Nase. Du große Scheiße. Bob's Zaun- und Gartenparadies belieferte also auch die Bullen. Mein Gehirn schaltete ab, aber mein Mundwerk legte bereits los. »Er ist noch im Garten, Officer, ich vermute, er ist jetzt friedlich.« Es sah aus, als müsste ich mir bei der Sache doch noch die Hände schmutzig machen; mein Chefbagger stand vor der Verschrottung.

Der Cop lachte. »Mal im Ernst, Sir, eine Ladung sollte fachgerecht gesichert sein, bevor Sie damit auf den Highway fahren. Wir sind der Bauholzspur bis zur Holzhandlung gefolgt, und dort hat man uns Ihre Adresse und eine Beschreibung Ihres Fahrzeugs gegeben. Ein Cabrio ist kein zulässiges Transportmittel für größere Ladungen Bauholz. Wenn Sie uns jetzt bitte hereinlassen, das Zeug wird nicht leichter.«

Ich meinte zu halluzinieren. Zum ersten Mal in meinem Leben begegnete ich einem Cop, der sich als Freund und Helfer gerierte, Heimservice inbegriffen. Der große Magnet drehte sich in meine Richtung, und das war ein gutes Gefühl.

»Was hat euch in diese Gegend verschlagen? Ihr seid neu hier, stimmt's?« Sie ließen die Bretter auf den Rasen poltern, dann erblickten sie meinen Anwalt. Er hockte vor seinem Aushub, den Kopf wie eine Schlange hin und her bewegend.

»Uff, ist ja ein gewaltiges Fundament, das ihr da ausgebaggert habt.«

Der Samoaner war wieder auf den Beinen. »Doktor, ich kümmere mich um die Sache. Geben Sie dem Zimmerservice Bescheid, dass wir große Mengen Kaffee benötigen werden.« Er nahm den Streifenbeamten am Arm und flüsterte auf ihn ein. »Der gute Doktor hier spielt eine Schlüsselrolle im Kampf gegen den Drogenterror. Aber wenn wir dieser landesweiten Bedrohung des American Way of Life wirksam entgegentreten wollen, brauchen wir absolute Ruhe.«

»Nee, ehrlich. Hörst du das, Ed? Der Doc ist 'n großes Tier. Warum ist er hier? In Oatville haben wir haben wir noch gar nicht so viele Probleme mit der Sache.«

»Oh, das kommt noch.« Ich schenkte Kaffee aus und bot den Beamten ein paar Krapfen an, die ich in der Küche gefunden hatte. Der Samoaner griff sich eine Handvoll und stopfte sie sich in die Hosentaschen. »Er hat noch nicht gefrühstückt«, kommentierte ich apologetisch.

Der Samoaner riss mir den letzten Krapfen aus der Hand und fuhr in seinem Exposé fort. »Lest ihr denn keine Zeitung, Jungs? Ein harter Regen wird fallen, und zwar direkt über unseren Köpfen. Wenn unser Doktor scheitert, könnten eure Kinder binnen eines Jahres zu Drogenfreaks werden. Was meint ihr wohl, warum wir hier einen Zaun hinbauen? Hier, halten Sie mal.« Während einer der Cops den Zaunpfahl in ein mit Schrotkugeln gefülltes Loch setzte, überprüfte mein Anwalt anhand einer Wasserwaage, ob er auch senkrecht stand. »Ihr müsst endlich aufwachen, sonst bevölkern bald Banden von verkorksten Junkies unser Land. Meine Herren Officers, kann ich Ihnen vertrauen?« Die Männer nickten, die Mäuler noch gestopft mit Krapfenteig. Der Samoaner wies Officer Squane an, einen Sack Zaunpfahlmischung an den Fuß des 10 x 10 Zentimeter starken Kantholzes zu schütten und einen Eimer Wasser nachzukippen. Derweil mischte ich die nächste Runde Tequilas und trank die Becher leer. Bis jetzt hatte ich noch nichts Schwereres als einen Cocktailmischer zur Hand nehmen müssen, und so sollte es auch bleiben. Nicht, dass ich mich vor harter Arbeit scheute, aber gegen die Wirkung des großen Magneten war ich ohnehin machtlos.

Das Team arbeitete weiter, bis alle Pfosten im Boden steckten. Während der Zement trocknete, lieferte mein Anwalt die Einzelheiten der antiamerikanischen Verschwörung nach.

»Die Produzenten können ihre böse Saat ja nicht auf offenem Farmland pflanzen, wenn sie nicht dem FBI in die Hände spielen wollen, oder der Düngemittelindustrie, also pflanzen sie das Zeug auf den Grundstücken ahnungsloser Amerikaner. Was,

Tante Maudie kennt die Pflanze nicht, die da zwischen ihren Azaleen wächst? Natürlich kennt sie die nicht! Tantchen ist nämlich Teil des Problems. Eine ganze Ernte von Rauschmitteln der Klasse A wächst in Amerikas Vorgärten.«

»Ist das zu glauben, Ed? Was ist bloß los mit diesem Scheißland?« Ich beobachtete, wie sie dem leidenschaftlichen Plädoyer des Samoaners lauschten.

»Es geht ja nicht nur um den Nachbarhund, der durch das Loch im Zaun schlüpft. Wir reden hier vom Einstieg in die Apathie, einem Portal, durch das Millionen durchgeknallter, abgesumpfter, vollgedröhnter Superzombies auf die Straßen dieses stolzen Landes getorkelt kommen. Der Stoff wird nicht über die Grenze geschmuggelt, er kommt nicht mit dem U-Boot den Hudson rauf, sie pflücken ihn sich aus Tante Maudies Azaleenbeet. Und niemand sieht sie. Wir riegeln die Grenzen ab, und die Drogengärtnerguerilla besetzt den Boden unter unseren Füßen.«

Streifenpolizist Ed schien von einem seltsamen Leiden befallen und wurde immer fickriger. Er war schon dabei, Zaunstäbe passend zu schneiden, und jetzt griff sein stoffliger Partner zu den Winkelträgern und half dem Samoaner, die Dinger zu vernageln.

»Verdammt, Ed! Wir müssen schleunigst dem alten Mitchell Bescheid sagen. Sein Zaun liegt seit dem Sturm letzten September immer noch flach.«

Die Gesetzeshüter gaben sich große Mühe, meinem Anwalt zur Hand zu gehen. Die Holme waren verschraubt, und als die Schotterbretter an den Klampen am Fuß jedes Pfostens befestigt wurden, folgte das emsige Hämmern mir auf meinem Weg in die Küche. Mein Juristenkollektiv war schon dabei, die Latten an die Holme zu nageln, als ein Funkruf uns dazu verurteilte, die restlichen Latten ohne den Beistand unserer Freunde und Helfer zu verbauen. Die harte Arbeit schien ihren Tribut gefordert zu haben; die beiden eierten wie auf Gummibeinen zu ihrem Streifenwagen zurück. Der jüngere, Ed, kippte vornüber auf den Rasen bei dem Versuch, die Waffe zu ziehen, als sich ihm ein großer Busch in den Weg stellte. »Officer«, sagte ich zu seinem Partner, »das alles ist natürlich höchst vertraulich, unter keinen Umständen darf die Presse Wind davon bekommen. Ich wäre Ihnen verbunden, wenn Sie über unsere Begegnung Stillschweigen bewahren würden.« Das Auto ruckelte rückwärts und fuhr dann in Schlangenlinien davon. Wiehernd vor Lachen schlurfte ich zurück ins Haus. »Ich glaube, die beiden sollten wir auf unsere Gehaltsliste setzen«, sagte ich zu meinem Anwalt.

»Nicht ausgeschlossen, dass sie morgen schon auf Jobsuche sind.«

»Wie meinst du das?«

»Die Donuts, die du ihnen spendiert hast.«

»Ja, was ist damit?«

»Ich hatte nicht mit Besuch gerechnet, die sollten für uns sein.« Mir schwante Übles. »Ich hab sie mit Meskalin versetzt.«

»Wie bitte? Meskalin und Marmelade sind das tödlichste Gemisch überhaupt. Ich möchte nicht in der Haut des alten Mitchell stecken, wenn bei denen die Wirkung einsetzt. Was sollen wir machen?«

»Als dein Anwalt rate ich dir, diesen hier zu dir zu nehmen.« Er reichte mir einen der Donuts aus seiner Hosentasche. Ich fühlte, wie die Marmelade mir am Kinn herunterlief, und eine Woge des Glücks spülte über mich hinweg, als das Heulen einer Polizeisirene vom Abendwind über den Zaun zu uns hereingetragen wurde.

Den Rand einer Badewanne abdichten

mit Johann Wolfgang von Goethe

Benötigtes Werkzeug:
Auspresspistole
Kleines, keilförmiges Holzstück

Benötigtes Material:
Dichtungsmasse aus Silikon
Geschirrspülmittel

22. Mai

Ach, bester Freund, was sind die Geschicke des Menschen! Wie froh ich bin, endlich ein Leben auf dem Lande zu beginnen! Ich darf wohl nicht behaupten, hier bereits in die Gesellschaft eingeführt zu sein, doch ist die Einsamkeit mir Labsal, und allerlei Bekanntschaften habe ich bereits geknüpft. Ein Handwerksmann aus dem Dorfe hat sich mir angeschlossen, was zu seinem Schaden gewiss nicht sein soll. Gestern habe ich ihn gezeichnet, als er am Nachbarhaus die Dachrinne erneuerte. Weil mir seine Art so gut gefiel, sprach ich ihn an, frug ihn nach seinen Umständen. Schnell waren wir bekannt und, so ist es nun mal meine Art mit solchen Leuten, alsbald auf recht vertrautem Fuße. Welch wunderbare Heiterkeit hat von meiner Seele Besitz ergriffen, seit ich in dieser paradiesischen Gegend eingetroffen bin.

Heute hat er mir einen Besuch abgestattet und war so freundlich, mir eine Unzahl von Verbesserungen am Hause vorzuschlagen, bei denen er mir, wie er mir versicherte, mehr als nur helfend zur Hand zu gehen in der Lage sei.

25. Mai

Sei bedankt, mein lieber Freund, für deine warnenden Worte. Wenn ich auch weiß, dass wir nicht gleich sind, noch es jemals sein können, scheint mein Handwerksmann mir doch ein ehrlicher Gesell mit äußerst einnehmenden Zügen und Manieren zu sein. Ich vermag dir kaum zu beschreiben, mit welcher Begeisterung er die Arbeiten an diesem Hause in Angriff genommen hat. Er ist ein offener Bursche und eine gute Seele, und ich sehe keinen Grund, in kalter Entfernung zu verharren, nur um mir den Respekt zu bewahren.

Auf seinen Vorschlag hin bezahlte ich ihn im Voraus für seine Arbeit und stattete ihn mit einem Hausschlüssel aus. Während ich einen Ausritt unternahm, räumte er die alte eiserne Badewanne aus dem Haus, um Platz zu schaffen für den Einbau einer herrlichen neuen Bade- und Duscheinheit von solch vollendeter Harmonie und Proportion, dass die Sehnsucht, das Verlangen sie in Besitz zu nehmen, meine Seele bereits jetzt entflammt.

Bei meiner Rückkehr, triefnass und schlammverspritzt nach einem dieser frühen Sommergüsse, die uns ohne lange Vorwarnung ereilen, war das Wasser im Hause abgestellt, aber der brave Mann lud mich mit so viel Lebensart und Großmut zu einem

Kaffee aus seiner Thermoskanne ein, dass ich an die wunderbare Passage bei Homer erinnert war, in der Odysseus sich der Gastfreundschaft des prächtigen Schweinehirten erfreuen durfte. Wie töricht sind wir Menschen doch, dass wir der Hindernisse nicht gewahr werden wollen, die Stand und Dünkel uns in den Weg legen.

29. Mai

Mit welch wunderbarer Heiterkeit diese süßen Frühlingsmorgen meine Seele zu erfüllen vermögen. Heute ist der junge Bursche endlich wieder aufgetaucht, und ich vermag es kaum in Worten auszudrücken, mit welchem Arbeitseifer er die Badewanne installierte, von der ich dir in meinem letzten Brief berichtet habe. Ich bräuchte in der Tat die Talente unserer größten Dichter, wollte ich dir seine ausdrucksstarken Gesten schildern, die Harmonie und Sparsamkeit seiner Bewegungen, das stille Feuer, das in seinen Augen leuchtete, als er die Kupferrohre verlegte, sie so formte, dass sie sich dem Grundriss der Kammer auf die eleganteste Weise anschmiegten, seine Handhabung der Lötlampe, die er mit frappierenden Effekten zum Einsatz zu bringen wusste.

Der Anblick brachte mein Herz zum Jauchzen, und ich setzte mich ihm gegenüber auf den Toilettensitz, um mit Vergnügen und Frohsinn im Herzen eine Skizze dieses häuslichen Idylls zu Papier zu bringen. Ich fügte ihr die Fliesen hinzu, die den Prospekt zu seiner Arbeit bildeten, ein Handtuch und das Waschbecken, alles so schlicht, wie es sich meinen Blicken bot. Ich muss mir selbst auf die Schulter klopfen, so harmonisch schien meine kleine Studie mir geraten. Unzweifelhaft stecken in einer Stunde handwerklichen Tuns mehr Majestät und Würde als in einem ganzen Monat Förmlichkeit und diplomatischer Etikette in den Diensten des Botschafters.

6. Juni

Inzwischen weiß ich nicht mehr, wo meine Geschichte mich hinführen will. Es ist jetzt eine Woche vergangen, seit ich meinen Handwerksmann zuletzt gesehen habe. Einige seiner Werkzeuge liegen verwaist auf dem Badezimmerboden, ein paar kleine hölzerne Keile, eine schlichte Auspresspistole und eine Tube weißer Dichtungsmasse aus Silikon. Ein Schälchen mit Geschirrspülmittel steht noch auf der Fensterbank. Wie quälend ich die Gegenwart dieser Dinge empfinde.

Zunächst nahm ich an, er könnte krank geworden sein, bis ich heute seinen Lieferwagen vor einem Haus in der Nachbarschaft stehen sah. Ich wartete eine Weile, um mit ihm zu sprechen. Als ich die Hoffnung schließlich aufgab, ihm eine kurze Notiz hinter den Scheibenwischer klemmte, bevor ich weiter meines Weges ging, schallte mir aus einem Fenster höhnisches Gelächter nach. Ich möchte mir das Herz aus dem Leibe reißen, auf meinen armen Kopf einschlagen, wenn ich daran denke, wie gering Menschen einander schätzen.

Ich knirsche mit den Zähnen; der Teufel soll ihn holen! Ha, wohl hundertmal schon hab ich zur Pistole gegriffen, um mein von Bitterkeit beschwertes Herz mir zu erleichtern.

11. Juni

Ach, diese Leere, diese entsetzliche Leere, die ich in meiner Brust verspüre. Noch immer keine Antwort, kein Hinweis auf ein Voranschreiten. Gott weiß, wie oft ich bedauert habe, mich jemals auf dieses Vorhaben eingelassen zu haben. Wehe! Ich fürchte, du hast wie immer Recht, mein Freund. Mühsal und Arbeit, Freude und Befriedigung sind Paare, die sich nicht trennen lassen.

14. Juni

Die Entscheidung ist gefallen. Tausend Möglichkeiten und Pläne haben sich in meinem Herzen gestritten, am Ende aber war er geboren, der letzte, feste, unumstößliche Gedanke. Ich halte die Pistole jetzt in meiner Hand, entschlossen zu tun, was getan werden muss.

15. Juni

Die Kartusche mit der Dichtungsmasse ließ sich exakt in die Auspresspistole einpassen, und mit dem Einsatz einer simplen Schere gelang es mir, den Fortsatz der spitz zulaufenden Tülle auf der Tube so weit abzutrennen, dass das Amalgam sich bei Krafteinwirkung auf den Abzug der Pistole weiß wie frisch verwehter Schnee und breiter als die Fuge zwischen Wanne und Fliesen auspressen ließ. Was ich dir kürzlich in Bezug auf meine Malerei zu erklären versuchte, lässt sich genauso gut auf das Ausfugen einer Badewanne anwenden; es kommt darauf an, einen Strich von idealer Breite und Geradlinigkeit auszuwählen und den Mut zu finden, ihm Gestalt zu verschaffen. Ich setzte die Pistole am einen Ende der Badewanne an, und indem ich einen vollkommen gleichmäßigen Druck auf ihren Abzug ausübte, garantierte ich einen steten Ausfluss von Dichtungsmasse, mit dem ich den Abgrund füllen konnte, der mein Herz schon so lange quälte. Dann wählte ich aus den kleinen hölzernen Keilen einen aus, der nicht breiter war als der Nagel meines kleinen Fingers, und legte ihn in die Schüssel mit dem Geschirrspülmittel, wo ich ihn einweichen ließ, bevor ich ihn in einer glatten, gleichmäßigen Bewegung über das schmale weiße Band zog, das Wand und Wanne fortan zu einer Einheit verbinden wird. Es ist meine Überzeugung, dass jeder Mann ein paar Augenblicke des Tages für solch gewöhnliche Arbeiten aufbringen sollte. Die schlichte Freude daran ist Balsam für die Seele.

Ade, mein Freund. Dies dürfte ein Brief ganz nach deinem Gusto sein, ist er doch mit praktischen Schritten nur so gespickt.

Am selben Abend noch lag ich in meiner Wanne. Durch das Fenster, über dem vom Mondlicht beschienenen Kastanienbaum, schimmerten die vier Sterne zu mir herein, die den Kasten des Wagens bilden, jenes Sternbildes, das mir das liebste ist, der praktischsten aller Formationen himmlischer Gestirne. Aber für alles das hatte ich kaum ein Auge. Was mich mit Gefühlen überschwemmte und die Welt um mich herum in ein wahres Paradies verwandelte, war der bläulich-weiße Schimmer des Streifens Dichtungsmasse im Mondlicht, seine Kanten so gerade, seine Oberfläche eine glatte und vollkommene Barriere zwischen Fliesen und Wanne, eine solide Wehr gegen den spritzenden Schaum von den Gestaden der Badewanne. In solchen Momenten treibt der bescheidenste Arbeitsmann, so erschöpft er auch sei von den Beschwerlichkeiten seines Tuns, ein wenig leichter auf den Fluten des endlosen Ozeans, ein wenig gründlicher durchtränkt vom schäumenden Wasser des Ewigen, ein Stückchen näher der gesegneten Heiterkeit dessen, der alle Dinge geschaffen hat.

Eine Schublade schmieren

mit Samuel Beckett

Benötigtes Material:
Wachskerze

ERSTER AKT

Zwei Gestalten auf einer Landstraße. Graues Licht, kurz vor Dunkelheit. Zwischen ihnen, auf einem kleinen Erdhügel, eine Kommode. Der linke, CONNOR, trägt eine dunkle Brille; er ist blind und hält einen Stock in der Hand, rechts von ihm GODARD. Beide blicken auf das Möbelstück.

GODARD. Worauf wartest du? Was Besseres wirst du nicht finden. Es ist eine wunderbare Arbeit.

CONNOR. *(Streicht mit der Hand an der Oberseite der Kommode entlang und spitzt das Ohr, um zu lauschen.)* Ja. In der Tat.

GODARD. Die hat mein Vater gemacht, weißt du.

CONNOR. Tatsächlich. Das wusste ich nicht. *(Streicht mit der Hand über die Vorderseite des Schränkchens.)* Vielleicht genau das, was ich brauche.

GODARD. Kannst es mir glauben, eine wunderbare Arbeit.

CONNOR. Hat er lang gebraucht?

GODARD. Eine Woche vielleicht, was der nicht alles gebaut hat.

CONNOR. Könnte genau das Richtige sein. *(Er tastet sich um die Kommode herum auf die andere Seite. Während er geht, legt GODARD die Hände an die Kommode und dreht sie so herum, dass CONNOR, obwohl die Männer den Platz tauschen, immer*

auf der Vorderseite bleibt. Die Rückseite der Kommode ist mit Hart-
faser vernagelt und hat ein Loch. Für einen Moment wendet CON-
NOR den Blick von der Kommode auf GODARD.) Was sagst du,
willst du dafür haben?

GODARD. Ein solches Stück lässt sich nicht mit Zahlen taxieren,
es hat seinen sentimentalen Wert. Die Arbeit eines Mannes,
verstehst du. Ich will, dass sie in ein gutes Haus kommt, wo
man sie in Ehren hält.

CONNOR. Ja, na klar, versteht sich. Die Arbeit eines Mannes. Du
erlaubst? *(CONNOR deutet mit der Hand auf die Vorderseite der*
Kommode.)

GODARD. Aber ja doch. Selbstverständlich. *(Er macht einen*
Schritt nach vorn, fasst nach CONNORs Arm, um ihm zu helfen.)

CONNOR. *(Stößt ihn zurück.)* Finger weg. Das kann ich allein.

(Die Schublade hat keinen Griff. CONNOR tastet eine Weile nach
einem Griff, bevor er versucht, die Schublade an den Kanten zu
fassen. Vorgebeugt, die Stirn an die Kommode gelegt, tastet er mit
den Fingern langsam an den Fugen im Holz entlang. Schließlich
hebt er hilfesuchend das Gesicht. Einen Moment lang schaut GO-
DARD ihn ausdruckslos an, betrachtet dann eingehend CON-
NORs dunkle Brillengläser, bevor er aktiv wird. Er durchsucht seine
Hosentaschen, bringt ein zusammengeknülltes Taschentuch zum
Vorschein, aus dem er einen Messingknopf wickelt, und schraubt
ihn auf ein Gewinde, das aus der Vorderseite der Schublade her-
vorsteht. Sanft legt er CONNORs Hand auf den Griff.)

GODARD. Wie wär's damit?

CONNOR. Schon besser. *(Er reibt sich die Hände, dann zieht er an dem Griff, ohne Erfolg. Überrascht.)* Was hast du da drin? *(Schwer atmend wiederholt er den Versuch, spuckt sich diesmal in die Hände, bevor er sie aneinander reibt. Er ruckelt an dem Griff, versucht es nochmal.)* Sitzt bombenfest.

GODARD. *(gereizt)* Weil du nicht gleichmäßig ziehst. Geh mal weg. *(Er schiebt CONNOR zur Seite, zieht an dem Griff, zieht fester, aber vergeblich.)* Komm, hilf mir mal.

(CONNOR fasst GODARD um die Hüften, und die beiden Männer ziehen. Unter lautem Ruckeln und Rufen öffnet sich die Schublade etwa fünf Zentimeter weit.)

GODARD. Was sag ich? Man muss nur gleichmäßig ziehen.

CONNOR. *(Tastet mit den Fingern nach der Öffnung.)* Richtig offen ist sie nicht, oder?

GODARD. Aber auch nicht *richtig* zu.

CONNOR. Die hat dein Vater gemacht, sagst du?

GODARD. Untersteh dich.

CONNOR. *(Versucht die Schublade zu bewegen.)* Findest du sie nicht ein bisschen fest?

GODARD. Da fehlt nur etwas Wachs. *(GODARD späht in die offene Schublade, schiebt die Hand durch die Öffnung. Er kippt die Kommode zu sich her, aus dem Inneren ist ein rollendes Geräusch zu hören. CONNOR hebt den Blick zum Himmel.)*

CONNOR. Klingt nach Regen.

GODARD. Ich hab sie. (*Um beide Hände frei zu haben, lässt er die Kommode los, die in aufrechte Stellung zurückkippt. Wieder das rollende Geräusch, wieder schaut CONNOR besorgt zum Himmel hinauf. GODARD betrachtet ihn verächtlich.*) Willst du hier nur rumstehen? Kipp den Kasten zu mir her. (*Zögernd wendet CONNOR den Blick vom Himmel ab und geht auf die Rückseite der Kommode, um sie in GODARDs Richtung zu kippen. Wieder das rollende Geräusch. CONNOR schaut traurig zum Himmel.*)

CONNOR. Wird es schon dunkel?

GODARD. Welchen haben wir heute?

CONNOR. Den zweiundzwanzigsten Juni.

GODARD. Die Nächte werden länger.

CONNOR. Ist denn schon Nacht?

GODARD. (*Immer noch in die Öffnung spähend.*) Was weiß ich. Da, ich hab sie. (*Er zieht eine lange weiße Kerze aus der Öffnung hervor.*) Damit klappt es. (*In gebückter Haltung drückt er die Kerze an die Seitenwand der Schublade, fängt an zu reiben, dann drückt er die Lade mit der Schulter zu.*) Voilà.

CONNOR. Du hast sie wieder zugemacht?

GODARD. Ich war so frei.

CONNOR. Nach dem ganzen Zirkus?

GODARD. Probier's aus. (*Er deutet auf die Schublade, dann führt er CONNORs Hand auf den Knopf. Ohne Überzeugung umschließt CONNOR den Griff mit beiden Händen, sammelt sich für den Kraftakt. Die Schublade gleitet mühelos heraus, CONNOR taumelt mit der Lade rückwärts.)* Siehst du die handwerkliche Qualität? Das sind Schubladen für die Ewigkeit. *(Immer noch am Boden liegend, streicht CONNOR bewundernd über die Verfugungen der Schublade.)*

CONNOR. Schwalbenschwanz, das nenn ich Wertarbeit. *(Er klopft auf die Schublade, stellt sie auf ihr eines Ende, erhebt sich und setzt sich drauf.)* Also, wovon reden wir hier?

GODARD. Lass mich erst die Schienen wachsen. *(Er beugt sich in den von der Lade freigemachten Raum und reibt die Kerze an den Laufschienen entlang, die an beiden Innenwänden angebracht sind.)* Die schiebt sich jetzt wie im Traum. *(Er tritt zurück und deutet nochmal auf die Öffnung.)* Versuch sie wieder einzusetzen.

CONNOR. *(Setzt die Schublade in den Zwischenraum ein und schiebt sie vorsichtig zu.)* Darf ich? *(GODARD nickt selbstgefällig. Spielerisch zieht CONNOR die Lade wieder heraus und beginnt, den Inhalt seiner rechten Hosentasche in ihr abzuladen, eine ungeheure Menge von Unterhosen, bis die Schublade davon beinahe überquillt. Dann stemmt er sich mit der Schulter dagegen und schiebt sie mühsam wieder zu.)* Wie im Traum. *(GODARD stellt die Kerze mitten auf die Kommode und zündet sie mit einem Streichholz an.)*

Vorhang

ZWEITER AKT

Dieselbe Szene. Das Licht schwächer. Die Kommode und der Erdhügel beleuchtet, der Rest der Bühne fast im Dunkel. Die Kerze brennt noch. CONNOR kniet vor der Kommode, seine Hand bewegt sich tastend über die Vorderseiten der Schubladen, als suchte er nach etwas.

CONNOR. Ich hab gesagt, ich brauch deine Hilfe nicht. Ich kann das allein. *(GODARD steht schweigend daneben. Er nimmt seinen Hut ab und schaut hinein. Setzt ihn wieder auf, drückt ihn zurecht. CONNORs Bewegungen werden ungeduldiger.)* Na gut, dann hilf mir. Hilf mir doch endlich! Sie klemmt.

GODARD. Versuch doch eine von den anderen.

CONNOR. In eine von den anderen will ich nicht reinschauen. Ich will in die unterste Schublade reinschauen.

GODARD. Die war schon ewig nicht mehr offen.

CONNOR. Was fängt man mit einer Schublade an, die sich nicht öffnen lässt?

GODARD. Man mistet Sachen aus. Eine Erinnerung, an die man sich nicht erinnert.

CONNOR. Eine Erinnerung, an die man sich nicht erinnert? Wie verlorene Zeit, meinst du?

GODARD. Wie Dreck, im Klo runtergespült.

CONNOR. Und wenn ein anderer sich daran erinnert?

GODARD. Ist nicht dasselbe. Zwei Leute können nicht dieselbe Erinnerung haben.

CONNOR. *(Müht sich noch mit der Vorderseite der Schublade ab.)* Na, eine Schublade, die sich nicht öffnen lässt, ist keine Schublade.

GODARD. Ach, wie oft hat sie davor gesessen und in die unterste Schublade geguckt. *(Pause.)* Feinstes Leinen, Spitzen, Servietten. Alles von ihren lieblichen Händen bestickt. Hast du je so zarte Finger gesehen? Welche Hoffnungen sich in dieser schmalen Brust verbargen. Die wunderbaren Essen, die sie geplant hat, weiße Tulpen, die ihre Blüten öffnen in dem Frühlingslicht, das auf die Spitzendecke auf der Eichenchiffonière fällt. Die handgestrickte Jacke, die Stiefelchen liebevoll geschnürt. Welche Träume in ihren ausgeschlagenen und parfümierten Wänden wohnten.

CONNOR. Du erinnerst dich.

GODARD. Wer braucht Erinnerungen.

CONNOR. Glückliche Erinnerungen.

GODARD. Die tun am meisten weh.

CONNOR. *(Müht sich noch immer mit der Schublade ab.)* Du musst mir helfen.

(GODARD sinkt neben CONNOR auf die Knie. Abwechselnd schrauben sie den Griff auf ihrer Seite der breiten Schublade fest. Der Griff wandert immer zwischen ihnen her, Zentimeter für Zentimeter ziehen sie die Schublade heraus, bis sie ganz offen ist.)

CONNOR. He, Gogo. Da ist was drin. Könnte etwas Essbares sein.

GODARD. Kaum. Machen wir sie wieder zu. Bevor es Nacht ist.

CONNOR. *(Blickt zum Himmel.)* Es wird Nacht?

GODARD. Mit Windeseile.

CONNOR. *(Beugt sich vor und langt in die Schublade.)* Feine Woll-
sachen. Zarte Stickereien auf edler Baumwolle. *(Hoffnungsvoll.)* Da, ein Knöchelchen, in Musselin gewickelt. Ein Bein.
(Enttäuscht.) Ist nicht viel dran. *(GODARD nimmt den Hut ab
und drückt ihn sich mit beiden Händen an die Brust.)* Stoff zer-
bröselt zu Staub. *(Langsam.)* Strähnen seidenen Haars.
*(Pause. Auch CONNOR nimmt den Hut ab und hält ihn sich vor
die Brust.)*

Vorhang

DRITTER AKT

*Dieselbe Szene. Nur noch dunkler, die Kommode ist teilweise einge-
graben, die unterste Schublade ist nicht mehr zu sehen. CONNOR,
auf allen Vieren kriechend, klopft mit den Händen die Erde platt,
GODARD, stehend, hält eine Schaufel in der Hand, die er zum selben Zweck verwendet. Die Kerze brennt noch.*

CONNOR. Ich bin sprachlos.

GODARD. Wo hätte ich denn damit hin sollen?

CONNOR. Ist es denn schon Nacht?

GODARD. *(Schaut hoch.)* So gut wie.

CONNOR. Siehst du Sterne?

GODARD. Nein.

CONNOR. Keinen einzigen?

GODARD. *(Schaut noch einmal.)* Nein.

CONNOR. Aber es sind welche da?

GODARD. Wenn du es sagst.

CONNOR. Ich kann sie brennen riechen.

GODARD. Das ist die Kerze.

CONNOR. *(Hoffnungsvoll hochschauend)* Flackert über unseren Köpfen?

GODARD. Mehr oder weniger.

(CONNOR befestigt den Griff an der untersten noch sichtbaren Schublade. Er zieht die Schublade aus der Kommode heraus, bringt noch eine Kerze aus der Hosentasche zum Vorschein und wachst beide Seiten der Schublade ein, stellt sie auf den Kopf, bevor er sie zu einem Teil wieder in die Kommode schiebt und sie vor und zurück bewegt, um ihre Gleitfähigkeit zu testen. Er wiederholt diese Prozedur mit jeder der verbleibenden Schubladen, schiebt jede von ihnen ein Stück weiter hinein, sodass sie eine Treppe bilden.)

CONNOR. Wenn du mir bitte helfen würdest. *(Er bietet GO-DARD seinen Arm.)* Ich möchte ein Gebet sprechen.

GODARD. *(Belustigt)* Ein Gebet? Du lieber Gott.

CONNOR. Sag mal. Das wollte ich dich schon immer fragen. Was hält dich eigentlich davon ab, dir einen Strick zu kaufen?

GODARD. Das hat sie mich auch immer gefragt. Nachdem er ... Bevor sie ... Bevor. *(Pause)* Ich bin immer ein Spätentwickler gewesen. (*Er erhebt sich von den Knien, nimmt CONNORs Arm und steigt langsam die Treppe hoch.*)

CONNOR. Gib auf die Politur Acht! Ein bisschen Bienenwachs täte ihr gut. (*GODARD ist oben angekommen, nimmt den Hut ab und hält ihn sich in statuenhafter Pose vor die Brust. Währenddessen leert CONNOR den Inhalt seiner linken Hosentasche, ein Riesenknäuel Socken, auf den Boden und beginnt, sie an den Enden miteinander zu verknoten.*)

GODARD. (*Seine Pose aufgebend*) Was machst du da?

CONNOR (*Ohne in seinem Tun innezuhalten*) Ich knüpfe dir einen Strick.

GODARD. Aus deinen stinkenden Käsesocken?

CONNOR. Ist ja nicht für lange, ich häng mich an deine Beine.

GODARD. Das willst du für mich tun?

CONNOR. Du hättest es auch für mich getan.

GODARD. Worauf du dich verlassen kannst, Coco. Mach ruhig weiter, ich kann ihn als Schal gebrauchen, dürfte kalt werden hier oben.

CONNOR. Du springst also nicht?

GODARD. Ich halt einfach Wache (*nimmt die statuenhafte Pose wieder ein*) und warte.

Vorhang

Einen verstopften Abfluss reinigen

mit Jean-Paul Sartre

Benötigtes Werkzeug:
Gummiglocke
Eimer
Draht
Lappen

Benötigtes Material: *Keines*

Montag 0700

Etwas ist passiert. Es kam so unbemerkt, dass ich zunächst meinen Sinnen nicht traute. Gerade eben noch spürte ich, über die weiße, hohle Form gebeugt, eine leise Anwandlung von Beklommenheit. Die schwarzen und grauen Flöckchen aus Haaren, die ich mir aus dem Gesicht rasiert habe, schwimmen an der Wasseroberfläche; an den Rändern vermischt mit Resten billigen Seifenschaums, bilden sie eine Art Schorf oder Kruste, um sich, wie von einem remanenten Magnetismus gezogen, langsam am Becken festzusaugen.

Donnerstag 0800

Der Wasserspiegel in dem Waschbecken senkt sich inzwischen so langsam, dass man es mit bloßem Auge kaum erkennen kann, die Veränderung lässt sich nur am Anwachsen des grauen Ab-

schaums messen, der auf dem glatten weißen Porzellan zurück-
bleibt. Wie der Vorrat der aus meiner Feder geflossenen Texte
und Briefe, der sich bedeutungslos auf kreideweißem Papier an-
gesammelt hat.

0900

Draußen auf der Rue des Martyrs öffnen die Ladenbesitzer ihre
Türen, eine Gruppe Männer marschiert nach Schichtende ins
Bordell, ihre Stimmen gurgeln und blubbern, als sie einer nach
dem anderen in der Düsternis des Inneren verschwinden. Eine
Frau kommt aus der Kirche. In Schwarz gekleidet, dreht sie sich
dreimal um sich selbst, bevor sie im Schatten der schmalen
Gasse verschwindet, die am Westschiff der Kirche entlangführt.

Ich verlasse die Wohnung, um meinen Platz im Kommen und
Gehen einzunehmen. Ein Klingelton, ich höre das Geräusch von
Schuhen auf nackten Bodenbrettern, der Geruch von Paraffin,
Farbe, Lack. Auf dem Tresen liegt eine kleine, fleischige weiße
Kreatur auf dem Rücken, die Füße in einer Geste der Unter-
werfung in die Luft gestreckt. Eine zweite Kreatur nähert sich,
die einen Gegenstand in ihrer Klaue hält. Sie scheint auf die erste
steigen zu wollen und deponiert, als sie sich berühren, etwas auf
dem Bauch der ersten. Die erste richtet sich auf und zieht sich
zurück. Ein zweiter Klingelton, die Ladenkasse ist geschlossen.
Ich habe bezahlt. Braunes Papier raschelt, als der merkwürdig
geformte Gegenstand, den ich soeben erstanden habe, eingewi-

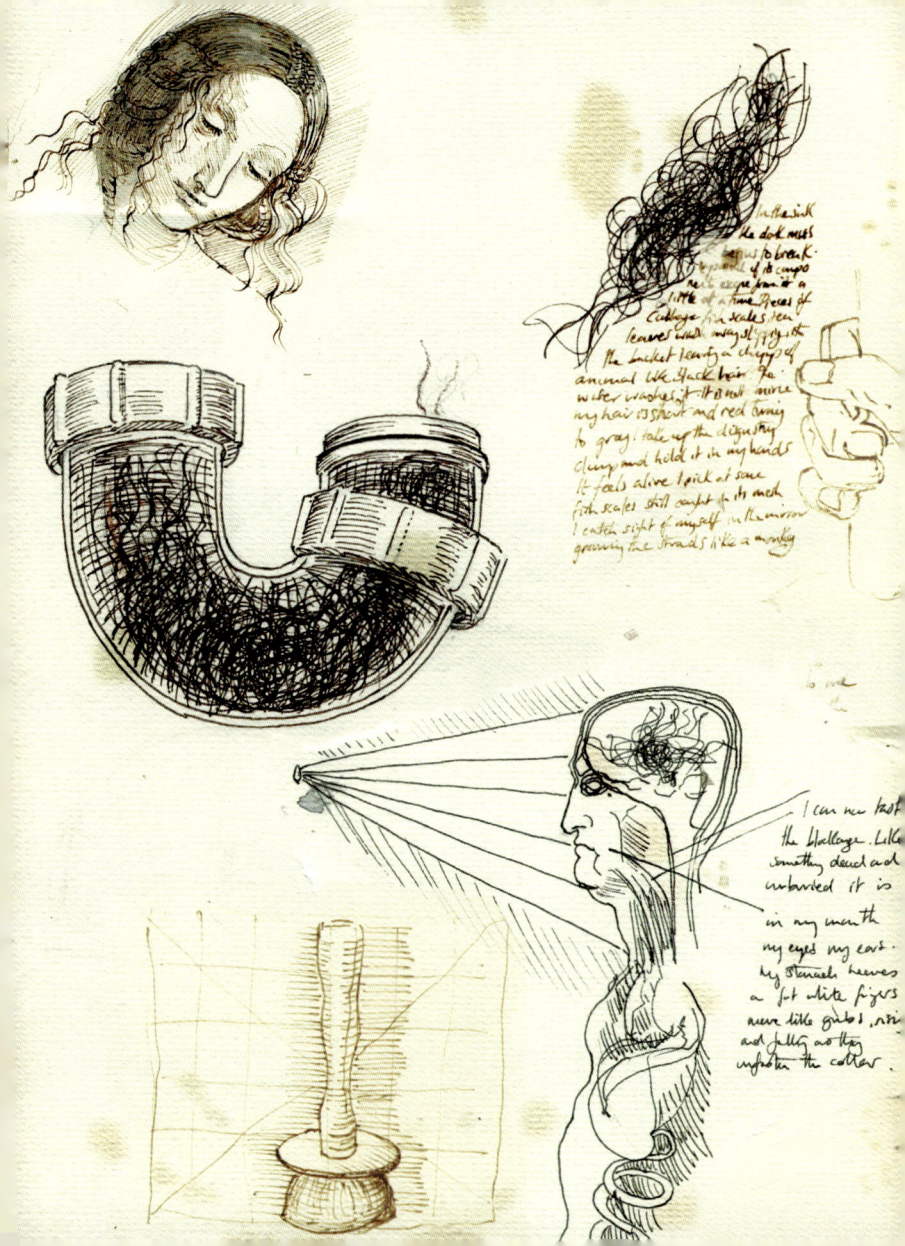

ckelt wird. Der Eisenwarenhändler, derselbe Mann, der den Schlüssel gemacht hat, den ich für Anny hatte anfertigen lassen, bevor sie mich verließ, händigt mir das unförmige Paket aus. Ich sehe, dass die zweite Kreatur immer noch frei in der Luft schwebt; es ist meine Hand, sie zieht sich zurück in die dunkle Wärme meiner Hosentasche, ich spüre ihr Gewicht an meinem Schenkel.

Donnerstagmorgen in der Bibliothek

Die Dinge stehen schlecht, sehr schlecht. Ich kann nicht arbeiten. Jeder Strich meiner Feder entbehrt jeglicher Bedeutung. Mein Roman langweilt mich. Ich habe nicht einmal die Energie, meine Pfeife zu stopfen. Der Gegenstand liegt vor mir auf dem Tisch, er erregt die Aufmerksamkeit des Bibliothekars. Die Verstopfung hat mich erreicht.

1630

Ausgewickelt liegt der Gegenstand auf der Arbeitsfläche neben der Spüle. Eine schwarze Halbkugel aus Gummi, auf einen hölzernen Stiel gepfropft. Als wollte ich mich vergewissern, dass das alles kein schlechter Traum gewesen ist, drehe ich den Wasserhahn auf und warte. Es gibt kein glückliches Gurgeln, kein Wasser, das sich ein Rohr hinunterstürzt, um ungesehen durch die Wohnungen der Nachbarn unter mir zu rauschen. Nein, das Wasser sammelt sich im Becken. Ich setze die Gummiglocke auf den Abfluss, dichte den Überlauf mit einem feuchten Lappen ab, presse den Stiel mit beiden Händen nach unten. Die Halbkugel aus Gummi gibt nach und wird zum Hemitoroiden. Sie saugt sich fest, und ich ruckle den Stiel auf und ab, die Arme beugend und streckend, der Stiel der Saugglocke arbeitet wie ein Kolben im Zylinder.

Meine Hände zittern, das Blut ist mir in den Kopf geschossen. Der Stampfer steht kerzengerade, dunkles Wasser schwappt über das knollige Gummi auf die Arbeitsfläche. Der Stopfen hängt an seiner Kette neben dem Wasserhahn, aber der Wasserstand will nicht sinken. Die Saugglocke hat versagt.

Unter der Spüle ist ein Schrank. Hinter Mottenkugeln und Glühbirnen, in der Dunkelheit unter den Scheuerbürsten, Wischlappen und Waschpulverschachteln bildet ein weißes Plastikrohr den Buchstaben U. Der Buchstabe ist Mahnung an Versäumnisse und Rückschläge: Unerledigtes, Ungeliebtes, Unverdautes, Unvergessenes, Unverziehenes. Seine beiden Extremitäten sind auf beiden Seiten durch eine Schraubmanschette mit dem fortlaufenden Rohr verbunden. Meine Hände fummeln in dem dunklen Raum herum, lösen eine der Manschetten. Aus dem geöffneten Verschluss sickert sogleich Schmutzwasser hervor. Es läuft am Rohr herunter, klatscht auf die Päckchen mit Mottenkugeln. Je näher ich der Quelle der Verstopfung komme, desto fauliger der Gestank, der meine Nasenlöcher überschwemmt. Die Verstopfung ist überall.

Ich räume den Schrank leer und stelle einen Eimer unter das U-Rohr. Jetzt kann ich die Verstopfung schmecken. Wie etwas Gestorbenes, Unbegrabenes dringt sie mir in Rachenhöhle, Ohren, Augen. Mein Magen hebt sich. Fette weiße Finger bewegen sich wie Maden, rauf und runter, lösen die Manschette. Die kleinen Rillen des Gewindes erscheinen eine nach der anderen, als die Manschette sich dreht wie die Nadel auf der Oberfläche einer Schallplatte, die die Stimme eines längst verstorbenen Sängers zum Klingen bringt. Das U-Rohr ist gelöst; Wasser, fauliges, graues Wasser kleckert mir auf den Ärmel. Ich drehe das u-förmige Plastikstück auf den Kopf, jetzt ist es n-förmig. Das stinkende Wasser stürzt sich in den Eimer, aber außer ihm ist nichts zu sehen. Die Verstopfung ist noch da, versteckt sich in der Krümmung. Ich wage es nicht, hineinzuschauen. Ich will nicht sehen, was dort gewachsen ist, wie ein Geschwür unter der Haut, kurz vor dem Aufplatzen. Ich fürchte mich. Ich fürchte mich davor, in dem Rohr noch einmal dem Blick des klebrigen Auges zu begegnen. Aber ich weiß, dass ich hineinsehen werde.

Langsam dreht meine Hand die Öffnung des Rohrs in meine Richtung. Der Gestank ist überwältigend. Seine Extremitäten, jetzt zwei riesige Nasenlöcher, verstopft von einer schwarzen schrecklichen Masse; Vegetation, die aus den Abflusskanälen jenseits der Stadtgrenzen heraufgekrochen ist, ihre Fühler, ihre Zangen, immer tiefer hineingesteckt hat in das Leben der Stadt, die sie zurückerobern will. Ich schiebe ein Stück Draht in eins der Nasenlöcher, presse gegen den Widerstand der Verstopfung an, bis ich sie aus ihrem Nest gedrückt habe und sie mit einem Klatsch im Spülbecken landet. Wasser sickert aus dem schwarzen Klumpen. Ich höre es unten in den Eimer tropfen. Ich setze das U-Rohr wieder ein, verschraube es fest und drehe den Wasserhahn auf. Das Wasser fällt ins Becken, bedeckt die Oberfläche, zieht eine Tangente, eine Kurve, eine Spirale. Das Wasser tost, und das Becken trinkt und singt wie ein Matrose, sein Durst ist jetzt unstillbar. Der Fluss bildet ein Kontinuum; wenn ich den Hahn lange genug laufen lasse, stellt er eine ununterbrochene Verbindung zwischen dem Reservoir und dem Kanalsystem her, vielleicht sogar eine zusammenhängende Schleife, unzusammenhängend allenfalls im Hinblick auf den Schmutz. Mein Zugriff in dieser Schleife markiert den Punkt, an dem das Wasser verschmutzt wird, ähnlich meinem Eingriff in Annys Leben.

Unter der Kraft des Wassers beginnt die dunkle Masse aufzubrechen, ihre Komponenten verflüchtigen sich Stück für Stück. Kohlschnipsel, Fischschuppen, Teeblätter laufen ab, lassen einen tierähnlichen Klumpen schwarzer Haare zurück, der im Wasser herumwirbelt. Es sind nicht meine Haare, meine sind kurz, ergrauendes Rot; es sind Annys. Ich nehme den ekelhaften Klumpen heraus und halte ihn in der Hand. Er fühlt sich lebendig an. Ich picke die letzten Fischschuppen heraus, die sich in dem Geflecht verfangen haben. Ich sehe mir im Spiegel dabei zu, wie ich die Strähnen striegle wie ein Affe. Was tue ich da?

Einen verstopften Abfluss reinigen

1830

Es ist Nacht geworden. Unten in der Straße, im Café Mably, brennen jetzt die Lichter. Ich werfe den Haarklumpen in den Abfalleimer, klinke die Kette aus, um die Tür zu öffnen, und mache mich auf den Weg die gewundene Treppe hinunter. Der Klang meiner Schritte hallt durch das schmale Treppenhaus. Als ich auf dem zweiten Absatz ankomme, geht das Licht aus. Ich bleibe wie angewurzelt stehen, unfähig, einen weiteren Schritt zu tun, blinzle in die Dunkelheit hinein. Das kleine weiße Licht eines Spions leuchtet vor meinen Augen in die Dunkelheit, plötzlich erlischt es. Jemand beobachtet mich, wartet, dass ich weitergehe, aber ich kann nicht. Ich bin die Verstopfung.

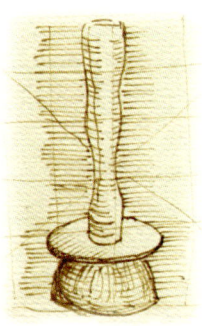

Eine paneelierte Tür lackieren

mit Anaïs Nin

Benötigtes Werkzeug:
Schraubenzieher
Pinsel

Benötigtes Material:
Grundierlack
Grundierfarbe
Lackfarbe

Sie schaute ihm zu, wie er den Deckel vom Farbtopf stemmte, einen mondähnlichen weißen Kreis zum Vorschein brachte, in den er die steifen tierhaften Borsten seines Pinsels tauchte. Seine Arbeit war so sinnlich, dass Frauen sich augenblicklich zu ihm hingezogen fühlten. Sie hatte begonnen, ihn zu umgarnen, ihm kleine Avancen zu machen – über vergangene Liebhaber mit ihm zu reden oder die bewundernden Blicke, die die Ladenbesitzer in der Stadt ihr nachgeworfen hatten. Sie lehnte sich in die Couch zurück, um ihm beim Streichen zuzusehen, die Brüste vorgeschoben, die Arme hinter ihrem Kopf verschränkt. Der Maler blieb teilnahmslos, investierte alle Leidenschaft in seine Arbeit. Tief drinnen träumte sie von einem Mann, der sie beherrschte, sie sexuell an die Hand nahm, und doch erregte das Desinteresse des Malers sie. Ihre Bewunderung verwandelte sich in Liebe, und sie sehnte sich danach, ihm zu Willen zu sein. Der Anblick seiner starken Hände, der Farbe unter seinen Fingernägeln weckte in ihr das Verlangen, von ihm in die Arme genommen zu werden, den Duft des Terpentins und des Leinöls zu riechen, das von seiner Haut auf ihre abrieb.

Wie in einem Traum wandelte sie in der Nacht die langen Korridore der alten Hazienda entlang; von Erregung durchzittert suchte sie den frischen Farbgeruch, strich mit den Fingerspitzen über die klebrigen Flächen. Ihr blieb nichts anderes übrig, als kühner und kesser zu werden. Jedes Mal, wenn sie an seinem Arbeitsplatz vorüberging, streifte sie dichter an ihm entlang, frohlockend über jeden neuen Farbspritzer auf der glatten Seide ihres Kimonos. Schließlich ließ sie auch den letzten Rest Zurückhaltung fahren. Als sie sich in der Tür an dem Maler vorbeidrängte, gestattete sie ihrer Hand, seinen Pinsel zu streifen. Jäh stieß er sie zurück, als hätte ihre Geste ihn gekränkt. Er sah stolz aus, unantastbar.

»Was habe ich getan?«, fragte sie.

»Die ganze Woche beobachten Sie mich schon beim Streichen.« Sein finsterer Blick verwandelte sich in ein Lächeln. »Jetzt will ich Ihnen mal zuschauen.« Er drückte ihr den Pinsel in die Hand und zeigte auf die Tür, die er am Vormittag bereits ihrer Klinke beraubt und brutal abgeschmirgelt hatte. »Anstreichen.«

Mit nichts am Leib als ihrem Kimono stand sie vor der Tür, ein Kribbeln durchlief ihren Körper, als sie das dunkle Rechteck aus steifen Haaren zwischen ihren Fingern spürte.

»Anstreichen, hab ich gesagt.«

Er sah sie an, wie sie vor ihm stand, und begriff, dass sie nicht wusste, wie. Sanft, aber bestimmt zeigte er es ihr. Sie ließ zu, dass er ihr die Hand führte; klebrig weißer Lack tränkte die dunklen Borsten, als ihre Hand in seiner den kleinen Pinsel in dem offenen Topf versenkte und dann die vollgesogenen Borsten an den Kanten jedes Paneels entlangführte. »Zuerst streichen Sie überall die Vertiefungen aus.« Sie folgte seiner Anweisung; die nassen Borsten leckten Farbe in jede Spalte, jeden Schnörkel, schmiegten sich in jede Kurve, bis der Lack spärlicher und zäher wurde.

Hinter sich hörte sie den Maler atmen. Den Arm durchgestreckt, drückte sie kräftig auf, und er sah, wie ihre Muskeln sich zusammenzogen. »Mehr Lack«, befahl er, den Blick nun auf ihre Hüften gerichtet, die sich ihm entgegenschoben, als sie sich vorbeugte, um den Pinsel in dem kleinen Lacktopf wieder aufzuladen.

»Nicht aufhören«, sagte er. Beim Klang seiner Stimme presste sie den Pinsel fest gegen die Tür, und ein paar Tropfen Lack spritzten auf den Boden. »Sie drücken zu fest. Seien Sie sanfter, der Pinsel reagiert auf jede Berührung. Zu viel Druck, und er spritzt seine Ladung ab. Wischen Sie es gleich ab, mit dem Tuch und dem Terpentinersatz.«

Ihr von ungestillter Lust bebender Körper gehorchte jedem seiner Befehle. Der Duft nach Terpentin, Lack und Fichtenholz erfüllte ihre Sinne, doch dahinter, so kräftig und penetrant er war, spürte sie die Gegenwart des Mannes.

»Und jetzt die Paneele. Den Pinsel nicht zu tief in den Topf tauchen.«

Langsam fand sie sich in den Rhythmus, den er ihr abverlangte, ihr Körper schwang mit der Bewegung ihres Arms. Sie konnte ihn nicht mehr sehen, aber sie fühlte seinen Blick im Rücken, wie er den Konturen ihres Körpers unter der Seide ihres Kimonos nachfuhr. Sie spürte jeden Pinselstrich, als kitzelten die nackten Borsten ihre Haut. Die kleinen Blasen und Strudel im Lack schienen in ihrem Blut zu blubbern, bis sie in der Lackfarbe vergingen, die so nass war, so einladend, dass sie am liebsten hingefasst hätte.

»Wenn alle Paneele lackiert sind, streichen Sie nochmal die Maserung.« Er atmete jetzt stoßweise, der Ton seiner Stimme wurde tiefer. »Und nun nehmen wir uns die Sprosse vor.« Sie verstand das zuerst als Kosewort, seinen ganz eigenen Namen für ihre Brustwarzen, oder ihre Schenkel, und wartete nur darauf, von seinen starken Armen gepackt zu werden, aber stattdessen zeigten seine langen Finger auf einen vertikalen Balken in der Mitte der Tür.

Ihr Atem ging im Gleichtakt mit seinem, kleine Schweißperlen bildeten sich auf ihrer Stirn, und die Instruktionen des Malers bekamen noch mehr Nachdruck; er hatte sich in regelrechte Raserei hineingesteigert. »Als nächstes die Querstreben.« Er führte ihre Hand zur ersten der drei horizontalen Holzleisten, die den Rahmen bildete. »Hier, *hier* und HIER.« Sein Haar flog wild, er schwang die Arme wie der Dirigent eines Symphonieorchesters. Unermüdlich kam er ihr vor, und ihr schmerzte der Arm vor Anstrengung. Über welche Vitalität der Mann verfügte, aber sie ließ nicht locker, nichts war so wichtig wie dem Lehrer Freude zu machen, ihm bis zum letzten Tropfen alles zu geben.

»Und jetzt streichen Sie die Seitenstücke. Sie müssen schnell arbeiten, solange der Lack noch feucht ist. Wenn er einmal antrocknet, werden die Borsten klebrig und hinterlassen Spuren im Anstrich. Schneller, schneller.«

Mit dem letzten Strich sank sie zurück, verausgabt, ihr Kimono glitt zur Seite, als ihr erschöpfter Arm quer über ihren Körper fiel, ihr weiße Farbe über die Flanke tröpfelte.

Der Pinsel, das wusste sie nun, würde nicht ermüden, bevor er nicht den letzten Tropfen Farbe aufgesogen hatte. Zitternd lag sie da, ihr Körper nackt, während der Maler über ihr stand und das Unfassbare aussprach: »Sie können jetzt noch nicht ausruhen – Sie müssen den Pinsel reinigen, sonst trocknet er ein. Beim zweiten Anstrich machen Sie alles nochmal genauso, aber der Glanz muss stärker kommen.«

Liste der Illustrationen